大人の
教科書
ワーク
実技

はじめての
大人の
学び直し

BUNRI

大人の教科書ワーク　はじめに

この本は、楽しみながら「はじめての大人の学び直し」をするために作られました。

リスキリング、生涯学習、リカレント教育……。近年、いわゆる意識の高い「大人の学び直し」の必要性が叫ばれています。

そうした、どこか威圧的ですらある社会の声を目の当たりにして、ちょっぴり怖気づいたり、気後れしたりして、

「今さら何を学び直せばええっちゅーねん！」

と、お茶の間でツッコミを入れているあなたにこそ、手に取っていただきたい本です。

この本に収録されている30編のテーマは、主婦や介護士、会社員から会社の社長まで、約200名のさまざまな方にインタビューやアンケートをして得られた「切実な悩みやちょっとしたギモン」を、文理編集部で厳選したものです。

この本が目指したのは、「小・中学生のときに使っていた教科書をひもとくだけで、普段の日常にちょっぴり彩りが生まれるかも」という、ささやかな提案です。

使っていた思い出の教科書をすでに捨ててしまったあなたのために、この『大人の教科書ワーク』は作られました。

ぜひページをめくって、「はじめての大人の学び直し」を楽しんでください！

文理　大人の教科書ワーク編集部

大人の教科書ワーク　この本の使い方

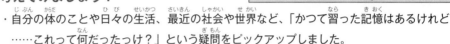
　1つのテーマは、それぞれ4ページで構成されています。
どのテーマからでも読み進めることができます。

● 疑問の答えを、「ヒントQUIZ」で
考えてみましょう！

・自分の体のことや日々の生活、最近の社会や世界など、「かつて習った記憶はあるけれど
……これって何だったっけ？」という疑問をピックアップしました。

・さらに、「昔は習わなかったけど、今は実技でこんなことを習っているんだ！」という
テーマも取り上げています。

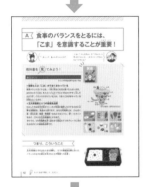

● 「教科書を見てみよう！」＆「つまり、こういうこと」で疑問を解決！
「もっとフカボリ」で教科書以上の知識を深めましょう！

● 「おさらいワーク」の問題を解いて、知識を確認！

・実技の一部のテーマでは、問題の代わりに、知識を深めるのに役立つコラムを掲載してい
ます。

● 疑問の答えを、まとめとコラムで深掘り！

・「コラム」では、テーマに関連した補足事項や、お勧めしたい本やサイトの情報を記して
います。

大人の教科書ワーク　実技　もくじ

自分自身の体と心、
よく観察してケアしよう。

「ご自愛」しましょう
セルフケア

日々の生活のあれやこれ

毎日のふとした
「これを知りたい」
をお手伝い。

● 参考教科書一覧

・「社会科　中学生の歴史」（帝国書院）
・「新しい社会　公民」（東京書籍）
・「中学生の音楽」（教育芸術社）
・「美術」（日本文教出版）
・「美術」（光村図書）

・「中学保健体育」（学研教育みらい）
・「最新　中学校保健体育」（大修館書店）
・「新しい保健体育」（東京書籍）
・「わたしたちの家庭科」（開隆堂）
・「技術・家庭［家庭分野］」（開隆堂）

・「技術・家庭［技術分野］」（開隆堂）
・「New　技術・家庭　家庭分野」（教育図書）
・「New　技術・家庭　技術分野」（教育図書）
・「新しい技術・家庭　家庭分野」（東京書籍）
・「新しい技術・家庭　技術分野」（東京書籍）

あのころとはちがう！
今どきの知識にアップデート。

最近の日常のこと？？？？

近ごろの社会のこと？？？？

自分も変わる、
社会も変わる。

かつて習った
キオクはある……。
もう一度教えて！

一気に知りたい世界のこと？？？

◉ 写真提供
アフロ、Interfoto/アフロ、akg-images/アフロ、Stickami/PIXTA、jimsy/PIXTA、tarousite/PIXTA、
CHAI/PIXTA、にしやひさ/PIXTA、PIXTA、Bridgeman Images/アフロ、yagi/PIXTA、るるぞお/PIXTA

監修者

9～20、93～96ページ

遠藤 薫
（えんどう・かおる）

仙台市立病院脳神経内科部長。
脳卒中専門医、総合内科専門医。
脳梗塞のカテーテル治療が専門。

21～36、93～96、103～106ページ

岡田太陽
（おかだ・たいよう）

臨床心理士。カウンセリングルーム
Circle of Life 代表。
BASIC Ph JAPAN 副代表。

33～36、103～106ページ

朴 利明
（ぱく・りみょん）

（一財）アジア・太平洋人権情報セン
ター職員。マイクロアグレッション
研究会メンバーとしても活動。

トビライラスト

「ご自愛」しましょう

にくまん子 （にくまんこ）

漫画家。代表作に『泥の女通信』『恋煮込み愛つゆ
だく大盛り』『涙煮込み愛辛さマシマシ』『いつも憂
き世にこめのめし』。

日々の生活のあれやこれ

山葵とうふう （わさびとうふう）

漫画ブログ「とうふう絵日記」にて日常漫画を更新
中。3人の子供や夫、猫のエピソードなど描いてい
ます。https://tohu.blog.jp/

最近の日常のこと

255 （にこご）

面白いもの・かわいいものが好きです。
勉強は……あまり得意ではありませんでした。
𝕏@nikokosan

近ごろの社会のこと

なりたりえ

漫画家、イラストレーター。
家族の日常を描いたエッセイ漫画を、SNSで定期
更新中。𝕏@rienarita

一気に知りたい世界のこと

青色イリコ （あおいろいりこ）

保護猫を2匹飼っている漫画家。
『ジャポニズム47』（リブレ出版）『マンガでわかる
中学社会歴史年代暗記』（学研プラス）等

本文イラスト・協力

- 杉江慎介　　● 255　　● 峰村友美　　● りうん
- 一般財団法人アジア・太平洋人権情報センター（ヒューライツ大阪）
- 出口真紀子（上智大学外国語学部英語学科教授）　　● 北海道伊達市農業委員会
- 村上正人（山王病院心療内科部長、国際医療福祉大学 臨床医学研究センター教授、
　　赤坂心理・医療福祉マネジメント学部心理学科 特任教授）

セルフケア
「ご自愛」
しましょう

Q 健康な体になるための、バランスのよい食生活とは?

ちょっと体重が増えただけだし、特に悪いところも見つからないし……。
今までどおりの食生活でいいよね?

ページをめくる前に考えよう
ヒント QUIZ

右の図のからあげ弁当に足りていない栄養素は、ア・〜ウのうちどれでしょう。

※答えは次のページ

ア	たんぱく質
イ	ビタミン
ウ	炭水化物

A 食事のバランスをとるには、「こま」を意識することが重要！

「こま」って、あのおもちゃのこま？

1日に「どんなもの」を「どれくらい」食べたらよいか、こまをイメージするとわかりやすいよ！

教科書を 🔍 見 てみよう！

家庭

献立づくり

おもに中学家庭分野を参考に作成

● 健康な人は「こま」がうまくまわっている

食事バランスガイドとは、1日に何をどれだけ食べたらよいかを、おもちゃの「こま」をイメージしたイラストでわかりやすく示したものです。バランスのとれている人は、うまくこまがまわっている状態だといえます。

● 五大栄養素と6つの基礎食品群

わたしたちは自分の体をつくったり体温を維持したりするために必要な栄養素を、食品から摂ります。おもな栄養素には、たんぱく質・炭水化物・脂質・無機質（おもにカルシウム・鉄）・ビタミンがあり、これらを五大栄養素とよびます。

そのうち、どの栄養素を多く含むかで食品を6つのグループに分けたものが6つの基礎食品群です。

運動　水・お茶

主食
副菜
主菜
牛乳・乳製品　果物

楽しく適度に

（厚生労働省・農林水産省決定）

 1群
 2群
 3群
 4群
 5群
 6群

つまり、こういうこと

五大栄養素とそのはたらきを理解し、6つの基礎食品群に沿ったバランスのとれた献立を考えることが健康への近道！

書いて身につく! おさらいワーク

1 下の図は、食品に含まれるおもな栄養素をまとめたものです。[　　]の文字をなぞりましょう。

		多く含む栄養素	食品群	食品の例	1日の摂取量のめやす
体の組織をつくる	1群	❶[たんぱく質]	魚・肉・卵・豆・豆製品	あじ、いわし、貝類、かまぼこ、牛肉、ぶた肉、卵、大豆など	女：250g 男：330g
	2群	❷[カルシウム]〔無機質〕	牛乳・乳製品・小魚・海藻	牛乳、チーズ、ヨーグルト、煮干し、しらす、わかめ、昆布など	男女：300g
体の調子を整える	3群	❸[ビタミンA]〔カロテン〕	緑黄色野菜（色の濃い野菜）	ほうれんそう、トマト、ピーマン、ブロッコリー、かぼちゃ、にんじんなど	男女：100g
	4群	❹[ビタミンC]	その他の野菜・果物・きのこ	だいこん、ねぎ、キャベツ、きゅうり、なす、いちご、みかん、しめじなど	男女：450g
エネルギーになる	5群	❺[炭水化物]	穀類・いも類・砂糖	米、うどん、パン、じゃがいも、さつまいも、砂糖、ケーキなど	女：550g 男：700g
	6群	❻[脂質]	油脂（動物性油脂、植物性油脂）	バター、マーガリン、サラダ油、マヨネーズ、ごまなど	女：20g 男：25g

※1日の摂取量のめやすは30〜49歳の値

（「日本家庭科教育学会誌」大石恭子・三戸夏子・杉山久仁子『「改訂　六つの食品群別摂取量のめやす」の策定』をもとに構成。2020年）

2 下の図は、Aさんのある日の献立です。朝食と昼食で不足しているのは〔2群〕の食品群ですが、その場合、夕食はどのようなメニューにするとよいですか。ア〜ウから選びましょう。

朝食　グリーンサラダ　トースト　野菜スープ　スクランブルエッグ

昼食　オレンジ　ポテトサラダ　トンカツ　米飯　かきたま汁

ア　白ごはん、さばのみそ煮、ひじきのいため煮、わかめのすまし汁

イ　白ごはん、しょうが焼き、きゅうりの酢の物、豆腐のみそ汁

ウ　カレーライス、ほうれんそうとしめじのバターいため、コーンスープ、いちご

[　　　　　]

● 五大栄養素とそのはたらき

わたしたちが日ごろ摂取する食品にはおもに5つの栄養素が含まれていて、それぞれが図のようなはたらきをしています。

メモ 📋

手ばかり、目ばかり
分量を考えるとき、g などの単位だとわかりにくいですね。たとえば緑黄色野菜100g は両手いっぱいに乗る量……など、手や目を活用することもおすすめです。

● 栄養素＆はたらきで分けられる6つの基礎食品群

五大栄養素のうちどの栄養素を多く含むかで、食品を6つのグループに分けたものを6つの基礎食品群といいます。

● 食事バランスガイドとは

平成17年に厚生労働省と農林水産省が決定した、1日に何をどれだけ食べたらよいかを示したイラスト。おもちゃのこまの形で上から水（水分）→主食→副菜→主菜→果物と牛乳・乳製品となっています。

運動 水・お茶
主食
副菜
主菜
楽しく適度に
牛乳・乳製品 果物
（厚生労働省・農林水産省決定）

メモ 📋

運動も必要！
「食事バランスガイド」のイラストでは、水の入ったコップのまわりを人が走っている様子がえがかれています。これは、人には食事だけでなく、合わせて適度な運動も大切だということを示しています。

Q 健康な体になるための、バランスのよい食生活とは？

A 五大栄養素を意識して、6つの基礎食品群を組み合わせた献立にすることが健康への近道です。何をどれだけ食べればよいかは、「こま」をイメージするとわかりやすいですよ。

ついつい食べちゃうお菓子やエナジードリンクは、「こま」をまわす"ひも"のようなもの。楽しく適度に摂るようにしよう。

おさらいワークの答え：**2** ア　2群は〔牛乳・乳製品・小魚・海藻〕なので、「ひじきのいため煮」や「わかめのすまし汁」が入っているアを選びます。

Q 健康診断って何がわかるの?

子どもの頃から毎年流れ作業のようにやってはいるけど…

結局 何の意味があんの??

健康診断の結果に「要経過観察」って書いてあったんだけど自分は病気なの? 死ぬの?

落ち着いて! 健康診断でわかることを見てみよう。

ヒント QUIZ
ページをめくる前に考えよう

次の項目のうち、健康診断で見つけられる症状はどれでしょう。

※答えは次のページ

A	虫歯
B	突き指
C	不摂生

A 生活習慣病などの早期発見のために体の状態を調べている。

確かにいろんな検査したわ……。でも正直何を調べたのかがよくわからない。

教科書を 🔍 見 てみよう！

保健体育

生活習慣病とその予防

おもに中学保健体育を参考に作成

生活習慣がその発症や進行に関係する病気が生活習慣病。がん、心臓病、脳卒中などを指します。
生活習慣病は予防が重要。健康的な生活習慣の継続、定期的に検査を受けて早期発見・早期治療をすること、社会の取り組みが大切です。

日本人のおもな死因

全国合計 1,568,961人 (2022年)

- その他 35.7
- がん 24.6%
- 心臓病 14.8
- 脳卒中 11.4
- 老衰 6.8
- 肺炎 4.7
- 腎不全 2.0

(厚生労働省「人口動態統計」)

つまり、こういうこと

生活習慣病の進行

不適切な生活習慣→自覚が少ないまま体の状態が悪化
→病気が悪化

不適切な生活習慣とは

- ・脂肪の摂りすぎ
- ・喫煙
- ・ストレス

- ・砂糖の摂りすぎ
- ・飲酒
- ・睡眠不足

- ・塩分の多い食事
- ・運動不足
- ・口腔内の不衛生

など

健康診断でわかることは？

体の状態が悪化していないかどうかがわかります。

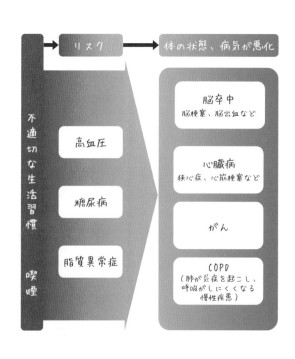

リスク → 体の状態、病気が悪化

不適切な生活習慣

- 高血圧
- 糖尿病
- 脂質異常症

喫煙

- 脳卒中
  脳梗塞、脳出血など
- 心臓病
  狭心症、心筋梗塞など
- がん
- COPD
  (肺が炎症を起こし、呼吸がしにくくなる慢性疾患)

💡 ヒントQUIZの答え：C　不摂生

書いて身につく! おさらいワーク

| 問題 | 次の表は、健康診断の検査でわかることをまとめたものです。[　]にあてはまる語をあとから選びましょう。

検査項目	何を調べる?	何がわかる?
身体計測 しんたいけいそく	身長、体重、腹囲 しんちょう　たいじゅう　ふくい	❶[　　　　　　　　　　　]や やせのていど
血圧 けつあつ	血圧検査 けつあつけんさ	❷[　　　　　　　　　　　]の有無 う　む
糖代謝 とうたいしゃ	血液検査（血糖）、尿検査（尿糖）など けつえきけんさ　けっとう　にょうけんさ　にょうとう	❸[　　　　　　　　　　　] などの手がかり て
尿・腎機能 にょう　じんきのう	尿検査（尿蛋白、尿潜血、尿酸など） にょうけんさ　にょうたんぱく　にょうせんけつ　にょうさん	❹[　　　　　　　　　　　] などの手がかり て
脂質代謝 し　ししつたいしゃ	血液検査（中性脂肪、HDL、LDLなど） けつえきけんさ　ちゅうせいしぼう	❺[　　　　　　　　　　　] などの手がかり て
血球検査 けっきゅうけんさ	血液検査（ヘモグロビンなど） けつえきけんさ	貧血などの手がかり ひんけつ　て
肝機能 かんきのう	血液検査（AST、ALT、γ-GTPなど） けつえきけんさ	肝機能障害などの手がかり かんきのうしょうがい　て
肺機能 はいきのう	胸部レントゲン きょうぶ	呼吸器の病変の有無 こきゅうき　びょうへん　う　む
心機能 しんきのう	心電図、胸部レントゲン しんでんず　きょうぶ	❻[　　　　　　　　　　　]、 心房細動などの手がかり しんぼうさいどう　て
胃 い	バリウム検査、胃カメラ けんさ　い	食道や胃、十二指腸のがん、病変の有無 しょくどう　い　じゅうにしちょう　びょうへん　う　む
大腸 だいちょう	便検査（便潜血）、大腸内視鏡 べんけんさ　べんせんけつ　だいちょうないしきょう	ポリープ、 ❼[　　　　　　　　　　　]の有無 う　む

がん	狭心症 きょうしんしょう	糖尿病 とうにょうびょう	肥満 ひまん
腎臓病 じんぞうびょう	高血圧 こうけつあつ	脂質異常症 ししついじょうしょう	

まとめ

● 生活習慣病

発症や進行に生活習慣が関係する病気。予防が大切。健康な生活習慣の実践、健診などの定期的な受診が予防に効果的。

● 生活習慣病の予防のために／健診結果で「要経過観察」になったら

検査項目	どんな状態？	何をするといい？
身体計測	BMIの値が大きい 腹囲が大きい	今より10分多く体を動かす 食事は適量をバランスよく
血圧	高血圧	塩分はひかえめに
糖代謝	基準値より高い	朝食は抜かないで1日3食
尿・腎機能	基準値より高い	食事の塩分量とたんぱく質の量に気をつける
脂質代謝	基準値より高い	揚げ物などの油物はひかえて
血球検査	基準値より低い	食事は適量をバランスよく 特に若い女性は鉄分を意識して
肝機能	基準値より高い	飲酒はひかえめに
肺機能	所見あり	たばこを吸っている人は今すぐ禁煙
心機能	所見あり	専門医受診
胃	所見あり	専門医受診
大腸	所見あり	専門医受診

メモ □

健診の検査項目ではほかに、呼吸の機能を調べる検査、乳がんや子宮がんなどを調べる検査などがあります。

おすすめサイト

厚生労働省
「生活習慣病を知ろう！」

https://www.smartlife.mhlw.go.jp/event/disease/

おすすめサイト

日本脳卒中協会
「啓発資料」

http://www.jsa-web.org/citizen/91.html#DL

健診結果のお知らせで、再検査や医療機関の受診がすすめられていたら、すぐ専門病院を受診してね！

Q 健康診断では何がわかるの？

A 現在の体の状態がわかります。病気を早期発見したり、自分の生活をふりかえったりするきっかけにできます。

おさらいワークの答え：❶肥満 ❷高血圧 ❸糖尿病 ❹腎臓病 ❺脂質異常症 ❻狭心症 ❼がん

大人の保健分野・がんとその予防

Q 約2人に1人がかかるというがん。どう対策すればいい？

 実は同世代でちょいちょいかかる人が
出てきて微妙にあせってる……。

ページをめくる前に考えよう
ヒント QUIZ

次のうち、がんの要因になりそうなものは
どれでしょう。

※答えは次のページ

A	早寝早起き
B	家族が喫煙者
C	週末の登山

A〉 がんの要因を避けることと 早期発見が大切！

要因を避けると
言われても……。

たばこを吸わない、お酒はほどほど、バランス
のよい食事を心がけるなど、対策は意外と身近。

教科書を 見 てみよう！

保健体育

がんはどんな病気？

おもに中学保健体育を参考に作成

がんは、正常な細胞が異常な細胞に変化し増殖して体の器官のはたらきを壊してしまう病気。生活習慣によるものや細菌・ウイルスの感染によるものなど、複数の要因があります。これらの要因を避けるのが、自分でできるがんの予防といえるでしょう。

最近では早期発見による早期治療で、がんの進行を食い止めたり、回復して社会復帰したりもできるようになってきました。健康診断やがん検診を定期的に受診し、早期発見に努めましょう。
がんの要因になる細菌やウイルスへの感染予防や除去も重要です。
HPV感染を予防するためにはワクチン接種が推奨されています。

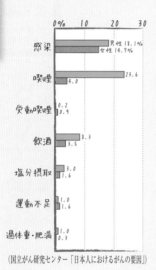

	0%	10	20	30
感染	男性18.1% 女性14.7%			
喫煙	4.0		23.6	
受動喫煙	0.2 0.9			
飲酒	3.5	8.3		
塩分摂取	3.0 1.6			
運動不足	1.0 1.6			
過体重・肥満	1.0 0.3			

(国立がん研究センター「日本人におけるがんの要因」)

つまり、こういうこと

自分でできるがんの予防は意外と手軽

たばこの煙を避ける、お酒はほどほど、バランスのよい食事、適度な運動、十分な睡眠など。

早く発見できたら回復する見こみもアップ！

手術や抗がん剤、放射線による治療で回復する可能性が高くなります。

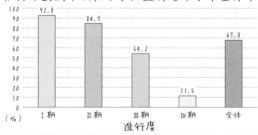

がんと診断されたときの進行度と5年生存率

	I期	II期	III期	IV期	全体
(%)	92.8	84.7	54.2	11.5	67.8

進行度

(文部科学省「がん教育推進のための教材〔令和3年3月 一部改訂〕」)

ヒントQUIZの答え：B 家族が喫煙者 日本では受動喫煙が原因で年間約1万5千人が死亡していると推定されます。

※答えは次のページ

書いて身につく! おさらいワーク

1 がんとその予防について次のようにまとめました。[ ]の文字をなぞりましょう。

（1） 正常な細胞の遺伝子が傷ついて異常な細胞ができ、これが無秩序に増殖して体の器官のはたらきを壊してしまう病気を

[がん]という。

（2） がんのおもな要因には[生活習慣]（喫煙、過度な飲酒、食生活の乱れ、運動不足など）が挙げられるが、一部の細菌や、ウイルスの感染によっても引き起こされることがある。

（3） がんの危険性を減らすためには、喫煙者は[禁煙]、節酒、食生活の見直し、適度な運動をおこない、適正体重の維持に努めるとよい。また、細菌やウイルスの検査で感染が確認されれば、除菌などの対処ができることもある。

（4） がんの予防や進行の防止には、健康診断や[がん検診]の受診によって[早期発見]することが有効である。女性の子宮頸がんや男性の陰茎がんなどの原因となるヒトパピローマウイルス（HPV）感染を予防するためにはワクチンが推奨されている。

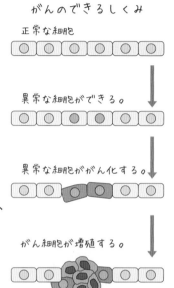

がんのできるしくみ

正常な細胞

異常な細胞ができる。

異常な細胞ががん化する。

がん細胞が増殖する。

2 次の表はがんを予防する生活習慣改善法をまとめたものです。[ ]にあてはまる語を書きましょう。

❶ [　　　]	・たばこを吸わない ・他人のたばこの煙を避ける	適度な ❹ [　　　]	18〜64歳の運動の目標はウォーキングていどなら1日60分
❷ [　　　]	・1日あたりの飲酒のめやす ・ビールなら大瓶1本 ・日本酒なら1合	適正 ❺ [　　　] の維持	目標のBMI値 男性…21.0〜26.9 女性…21.0〜24.9
❸ [　　　] の見直し	・減塩 ・野菜と果物の摂取 ・熱すぎるものは少し冷まして	❻ [　　　] への対処	ヘリコバクターピロリ菌、肝炎ウイルスなどへの感染を検査 HPVワクチンの接種

まとめ

● がんという病気

正常な細胞が異常な細胞に変化し、無秩序に増殖して体の器官の
はたらきを壊してしまう病気。どの臓器にもできる可能性があり、
種類や状態によって発見のしやすさや治りやすさ、治療方法など
に違いがあります。

● がんの予防

5つの生活習慣（禁煙、節酒、食生活の見直し、適度な運動、適
正体重の維持）＋HPV ワクチン接種などの細菌やウイルスへの
感染の対処を心がけましょう。

● 早期発見が重要！

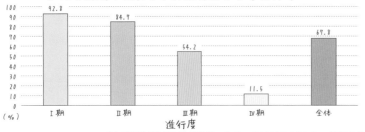

がんと診断されたときの進行度と5年生存率

	Ⅰ期	Ⅱ期	Ⅲ期	Ⅳ期	全体
(%)	92.8	84.7	54.2	11.5	67.8

進行度
（文部科学省「がん教育推進のための教材〔令和3年3月 一部改訂〕」）

多くのがんは早期に発見すれば約9割が治るといわれています。
積極的にがん検診を受診しましょう。

メモ □

白血病、脳腫瘍、リンパ腫など、「○○がん」
という名前ではないがんもあります。

メモ □

HPV ワクチンは咽頭がんや肛門がんの予防効
果および女性に感染させるリスクを下げる効果
が大きいと考えられ、男性への接種も推奨され
ています。また、女性も男性も性交渉経験前に
接種することが推奨されていますが、性交渉後
の接種でも新たな感染を防ぐことは可能です。
海外では45歳までの接種に効果があったことが
報告されています。

おすすめサイト

国立がん研究センター
「科学的根拠に基づくがん予
防」

おさらいワーク、まとめのがん予防法はこ
のサイトをもとに作成しました。
https://ganjoho.jp/public/pre_scr/cause_
prevention/evidence_based.html

 Q 自分でできるがん対策は？

A ①がんの要因を避けること。禁煙、節酒、食生活の見直
し、適度な運動、適正体重の維持など身近な生活習慣を
整えるのが大事。
②定期的に検診を受けること。早期発見が治療や回復の
助けになります。

Q いいこと続きなのに気持ちが落ちこむのはどうして？

最近いいことばかりのはずなんだけど、何だか元気が出ない自分はおかしいのかな？

ページをめくる前に考えよう
ヒント QUIZ

次のうち、自分のストレスの原因になりそうなものはどれでしょう。

※答えは次のページ

A	昇進
B	卒業
C	新居への引っ越し

A 「いいこと続き」も ストレスになる！

良かれ悪しかれ、環境の変化は
ストレスになり得るんだって。

教科書を 見 てみよう！

保健体育

大脳と体の諸器官は、自律神経と、
内分泌腺から分泌されるホルモンを通して
互いに影響しあっている

大脳
諸器官

ストレスへの対処

おもに中学保健体育を参考に作成

周囲からの刺激によって、心身に負荷がかかった状態をストレスといいます。適度なストレスは心身の発達に必要なものです。しかしストレスが大きすぎたり、長く続いたりすると、心身に悪影響を及ぼすことがあります。また、ストレスの原因をストレッサーとよびます。

つまり、こういうこと

ストレスとは、心と体に負荷がかかった状態

心身は、周囲からの刺激を負荷としてとらえます。適度なストレスは必要ですが大きすぎる、長すぎるストレスは悪影響。

もっとフカボリ ▷━━▶

どんなできごとも「周囲からの刺激」になり得る

ですので「転職成功」「恋人ができた」といった一見よさそうなできごとでも、「環境の変化」という刺激としてとらえられ、ストレスの原因になることがあるのです。

心身をバランスボールにたとえた場合

〈ストレスのない状態〉　〈刺激を受けている状態〉

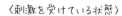
ストレッサー

よいストレスをユーストレス、
悪いストレスをディストレス
ともいうんだって。

「よいストレス」という
パワーワード……。

  ヒント QUIZ の答え：チェックしたものを「おさらいワーク」で確認してみましょう。

※答えは次のページ

書いて身につく! おさらいワーク

1 次の表は、生活上のできごとに対して個人が感じるストレスのていどを表したものです。「結婚」を50として、生活上のできごとを1〜100のポイントで示しています。この表のうち、「よいできごと」と思えるものを選びましょう。

[

]

生活上のできごと	ポイント	生活上のできごと	ポイント
配偶者の死	100	経済状態の大きな変化	38
離婚	73	親友の死	37
夫婦の別居	65	転職	36
家族の死亡	63	仕事で責任増	29
病気やけが	53	輝かしい成功	28
結婚	50	就学、卒業	26
解雇	47	上司とのトラブル	23
退職	45	住居の変更	20
妊娠	40	休暇	13
家族が増える	39	クリスマス	12

2 最近、気分の落ちこみや体調不良がある人は、上記の「生活上のできごと」にあてはまるものがないか、探しましょう。

[

]

まとめ

●ストレスとは

・心と体に負荷がかかった状態。ストレスの原因はストレッサー。

・よいことが起こっても「環境の変化」という意味ではストレッサーになり得ます。

・ストレスには、よいストレス（ユーストレス）と悪いストレス（ディストレス）があります。

●ユーストレスとディストレス

	よいストレス （ユーストレス）	悪いストレス （ディストレス）
特徴	モチベーションアップ、集中力、パフォーマンス向上、わくわく、興奮する、長続きしない	不安、圧倒、不快、パフォーマンス低下、長く続くかもしれない
例	転職、昇進、パーティ、クリスマス、デート、新居への引っ越し、赤ちゃんの誕生など	命の危険、身体の損傷、健康・安全性・希望の喪失など

メモ□

おさらいワークの表は、ホームズとレイの社会的再適応評価尺度、通称「ライフイベント法」から作成しました。5000人に対する調査をもとにアメリカでつくられたものです。日本でも研究者たちによって「勤労者のストレス点数」「大学生のストレス点数」などが測定されています。いずれも「変化」が生活するうえでのストレッサーになり得ることを示しています。

> 「転職成功」「恋人ができた」も一種のストレスだけど、変化に慣れるのに時間がかかっているだけなのかも。ゆっくり慣れていこう。

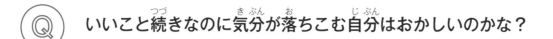

Ⓠ いいこと続きなのに気分が落ちこむ自分はおかしいのかな？

A **「環境の変化」はいいことでも悪いことでもストレッサーになり得ます。ストレスを感じて気分が落ちこむことは、全然変なことではないですよ。**

> 「旅行に行って楽しかったけど疲れた」みたいなのも広い意味でのユーストレスかな。

> 「ストレスのない状態は唐辛子のないタイ料理のようなもの」という言い方もあるらしいし、適度なよいストレスは生活に必要かもね。

おさらいワークの答え：**1** 結婚、妊娠、輝かしい成功、就学、卒業、休暇、クリスマスなど

大人の保健分野・心の健康

Q # 寝ても治らない体調不良、でもまあ大丈夫だよね？

もういい歳だし、多少体調が悪くなるのはしょうがないよね。
仕事も忙しいし、なまけてなんかいられない！

ページをめくる前に考えよう
ヒント QUIZ

次の項目のうち、ストレスに対する体の反応としてあてはまらないものはどれでしょう。

※答えは次のページ

A 風邪が治りにくい

B 寝つきが悪い

C 好物でも食べる気がしない

A 本当に大丈夫？ 「今の自分の状態」を自覚しよう。

 動けるからと放置して症状が悪化したりしないようにしたいな。

まずは「自分の状態」を把握して、できそうな対応を考えよう。

教科書を 見 てみよう！

 保健体育

心の動きと体の調子

おもに中学保健体育を参考に作成

心と体は互いに影響しあっており、これを心身相関といいます。体の調子がよくないときは心の不調が原因ではないかと考えてみることも大切です。

心身相関

もっとフカボリ ▷━━▶

心の状態をバランスボールで表すと

22ページで見たように、まわりからのさまざまな刺激（ストレッサー）を受けることでボールはへこんでしまいます。ただ、ストレッサーを取り除けばしだいに丸い状態に戻っていきます。

ストレス状態とは

しかし、ストレッサーが大きすぎたり、長くストレスがかかりすぎたりすることで、右の図のようにストレッサーが取り除かれてもボールがへこんだままで元の状態に戻りにくくなることがあります。これがストレス状態です。

ストレス状態に自分で気づこう

加齢やなまけ心ではなく、ストレスで心身に不調が出ている可能性に自分で気づくことが大切です。

刺激を受けている状態
ストレッサー
ストレッサーとして何が考えられますか

刺激がなくなっても元に戻らない状態
自分にストレスがかかっていることに何で気づきますか？

ヒントQUIZの答え：どれもストレスに対する体の反応としてあり得ます。

書いて身につく! おさらいワーク

問題 次の表は「簡易ストレス度チェックリスト」(日大桂・村上版)といって、今の心身の状態を答えることで、自分のストレスの度合いがどれぐらいかわかるものです。あてはまるものに○をつけてみましょう。

		はい
1	よく風邪をひくし、風邪が治りにくい	
2	手、足が冷たいことが多い	
3	手のひらや、わきの下に汗をかくことが多い	
4	急に息苦しくなることがある	
5	動悸がすることがある	
6	胸が苦しくなることがある	
7	頭がすっきりしない(頭が重い)	
8	目がよく疲れる	
9	鼻づまりすることがある	
10	めまいを感じることがある	
11	立ちくらみしそうになる	
12	耳鳴りがすることがある	
13	口の中が荒れたり、ただれたりすることがよくある	
14	のどが痛くなることが多い	
15	舌が白くなっていることが多い	
16	好きなものでも食べる気がしない	
17	いつも食べ物が胃にもたれるような気がする	
18	腹が張ったり、痛んだり下痢や便秘をすることがよくある	
19	肩がこりやすい	
20	背中や腰が痛くなることがよくある	
21	なかなか疲れが取れない	
22	このごろ体重が減った	
23	何かするとすぐに疲れる	
24	気持ちよく起きられないことがよくある	
25	仕事をやる気が起こらない	
26	寝つきが悪い	
27	夢を見ることが多い	
28	夜中に目が覚めたあと、なかなか寝つけない	
29	人と付き合うのがおっくうになってきた	
30	ちょっとしたことでも腹がたったり、いらいらしそうになることが多い	

【採点】 1項目が1点です。

【判定】 0〜5　　正常　　　　これからもストレスと上手くつき合いましょう

　　　　6〜10　軽度ストレス　ストレスがたまっているようなので体養が必要です

　　　　11〜20　中等度ストレス　ストレス状態が強いので、医師へ相談することをお勧めします

　　　　21〜30　強ストレス　　ひとりで悩まず心療内科や精神科を受診することをお勧めします

27

他教科リンク
実技
21ページ

他教科リンク
実技
29ページ

まとめ

●「寝れば治る」の思いこみはやめよう

「もう歳だから」「甘え」「なまけてる」と思いがちな体の不調。でもそれは、ストレスが関係しているかもしれません。体の不調は一見風邪や胃もたれなどの外部要因が関係しているように見えますが、自分の心のストレス状態も大いに関係している可能性があります。

●今自分がどういう状態かわからなくてしんどい人は

長く続く心身の不調とは別に、瞬間的にストレスを感じる場合の対処法としては、心身の状態を4つに色分けした「ゾーンズオブレギュレーション」という感情トレーニングの考え方もあります。

ゾーン	青	緑	黄	赤
どんな感じ?	・悲しい ・疲れた ・動くのしんどい	・幸せ ・いい感じ ・落ち着いている	・緊張している ・混乱している ・落ち着かない	・怒っている ・イライラする ・怖い
どうするといい?	・誰かと話す ・散歩する ・ストレッチする	この緑ゾーンの状態でいることが理想であり、目標です	・20数える ・深呼吸する ・落書きする	・今やっていることを止める ・その場を離れる

> **メモ**
>
> 体調不良が続く場合まず病院に行き、それでも治らない場合にストレス反応だと仮定されるのが本来の順番です。病院に行くこと自体もストレス対処になるので、まずはかかりつけ医への相談をしてみることをおすすめします。

> **オススメの一冊**
>
> 鈴木裕介『心療内科医が教える本当の休み方』(アスコム、2023)

> **メモ**
>
> ゾーンズオブレギュレーション (Zones of Regulation) は、今の自分の感情が青・緑・黄・赤のどのゾーンであるのかを自覚し、対策をとるために使います。感情が緑のゾーンにあるのが理想の状態。どうにも落ち着かないときは自分がどのゾーンにいるか、どうすれば緑のゾーンに戻るのか考えてみるのもよいですね。

Q 寝ても治らない体調不良、でもまあ大丈夫だよね?

A その体調不良はストレスからくるのかも? 自分の心身の状態を早めに自覚しましょう。

大人の保健分野・心の健康

Q 「ストレス対処法」って何があるの?

 たとえば筋トレとかよく聞くけど、筋肉痛になっただけだったしなあ……。

暴飲暴食も気分はよかったけど胃にはよくなかった……。

ページをめくる前に考えよう
ヒント QUIZ

次の項目のうち、ストレス解消に向いているものはどれでしょう。

※答えは次のページ

A	御朱印を集める
B	お化け屋敷に行く
C	コスプレをする
D	温泉に入る

A 自分が得意なカテゴリーの ストレス対処法を探そう。

自分で考えた対処法ってもっと効き目がなさそうな感じするんだけど……。

そこをちゃんとフォローできる方法を伝授いたしましょう。

教科書を 見 てみよう！

保健体育

ストレスへの対処

おもに中学保健体育を参考に作成

ストレスへの対処には、原因を考えて解決に向けて適切な対処方法を考えることなどが有効です。ストレスの原因はさまざまなので、自分や周囲の状況に応じた対処を選ぶことが大切です。

つまり、こういうこと

ストレスへの対処はケースバイケース

ストレスの影響は原因の大きさとそれを受け止める人の心身の状態によって異なり、その対処法もひとつではありません。

対処法がぴんとこないということは、自分がとっている対処法と、自分が得意な対処法がマッチしていないということかも。

もっとフカボリ ▷━━▶

得意なカテゴリーの対処法を探しましょう

ストレスの対処法を6つのカテゴリーに分けて考えてみましょう。次のページのワークシートに書きこみながら、自分にとってのストレス対処法を考えてみましょう。

感じる
信じる
つながる
考える／知る／学ぶ
観る／想う
動かす

ヒント QUIZ の答え：4つともストレス対処法です。おさらいワークの表で確認してみましょう。

書いて身につく！ おさらいワーク

問題　自分にとって有効だと思うストレス対処法は何ですか。いろいろやっているけれどしっくりこない人は、次のワークをやってみましょう。
次のワークシートは、ストレス状態を乗り越えるために人々が取り得る行動を、タイプ別に6つのカテゴリーに分けて表したものです。

信じる	感じる	つながる	観る／想う	考える／知る／学ぶ	動かす
なりたい姿を思いえがく	泣ける映画で泣く	相談する	舞台を見に行く	やることリストをつくる	おいしいものを食べる
占い	怒りに任せて安い皿を割る	飲み会	絵をかく	買い物に行く	運動する
祈る	お笑い動画を見る	旧友に会う	ゲームをする	日記を書く	寝る
伝統に触れる	心揺さぶる音楽を聴く	推しの追っかけ	テーマパークに行く	本を読む	掃除・片づけをする
歴史に触れる	お化け屋敷に行く	ボランティア活動	コスプレをする	旅行の計画を立てる	ドライブ
御朱印を集める	絶叫マシーンに乗る	ひとりの時間をもつ	音楽鑑賞	情報収集する	温泉に入る

以前やってみてよかった、これからやってみたい行動があれば○をつけましょう。○が多いカテゴリーは、あなたの「得意」なカテゴリーだと考えられます。ぜひ実践してみましょう。

たとえば「つながる」カテゴリーが得意な人が「動かす」カテゴリーの対処法ばかり試しても、しっくりこないときがあるかも。

隣りあったカテゴリーは相性がよいので、いろいろやってみるのが好きな人は、隣のカテゴリーの対処法にチャレンジしてみるのもよいかも。

まとめ

● 対処法を試したがストレス状態が改善しないとき

・自分に向いている対処法ではないかも

・「おさらいワーク」をやってみて、○が多い、自分が得意だと
思われるカテゴリーを見つけ、実践してみる

● そもそも何をしたらよいかわからないとき

・ワークシートの行動例の1行目を実践してみる

・しっくりきた行動と同じカテゴリーの行動もやってみる

● そのほかの対処法の例

感じる

落語を見る

肌ざわりの
よい毛布

つながる

ソシャゲ

地域活動に
参加

アロマ
テラピー

料理

観る／想う

美術館に
行く

まんがを
読む

動かす

メモ □

おさらいワークのワークシートは、ストレス対処法についての多重モードモデル「BASIC Ph（ベーシック・ピーエイチ）」に基づいて作成しました。BASIC Ph は Belief（信念＝信じる）、Affect（感情＝感じる）、Social（社会＝つながる）、Imagination（イマジネーション＝観る／想う）、Cognition（認知＝考える／知る／学ぶ）、Physiology（身体＝動かす）の頭文字で、人々が困難や危機を乗り越えるために取り得る行動を6つのカテゴリーを通して考えるモデルです。

オススメの一冊

竹内絢香、鈴木裕介監修『万年不調から抜け出すがんばらないご自愛』
(KADOKAWA、2022)。

自分でもいろいろ考えて
やってみてね！

Q ストレス解消法にぴんとこないときは？

A 今の自分に向いている対処法を探しましょう！

もちろん、この表に書いていないことでも、思いつくことがあればいろいろやってみよう。

28ページで見た「緑のゾーン」に戻るためには？　と考えてみるのもよいかも。

Q 大人が気をつけたい子どもへの
性教育、適切な方法とは？

今ってネットで過激な画像や動画がかんたんに見られちゃう時代。子どもに正しい
性の知識を身につけてほしいな。って自分たち大人の知識もこのままでいいの？

ページをめくる前に考えよう
ヒント QUIZ

世界遺産の保護で知られるユネスコの「国際セクシュアリティ教育ガイダンス」では、性教育開始年齢のめやすを何歳からとしているでしょう。　※答えは次のページ

A	11歳（小学5年生）
B	5歳（幼稚園・保育園の年長相当）
C	14歳（中学2年生）

A ⟨ 大人の性知識を
アップデートしよう。

性教育って、小学校高学年の
ときに女子だけ体育館に集めら
れて……ってイメージ……。

実は小学校3・4年の保健の教科書には、
すでに載っているんだ。ユネスコでは5歳か
らの段階的な性教育を指針としているよ。

教科書を 見 てみよう！

保健体育

SNS 全盛期だから身につけたい性知識

おもに中学保健体育を参考に作成

中学保健体育の教科書には、思春期の体の変化や月経、射精のしく
み、妊娠についての情報は昔も今もありますが、近年問題となって
いる、SNSなどのネットで誤った性の知識を得てしまうことや、
性犯罪に巻きこまれてしまうことなどへの注意をうながす内容にも
紙面を大きくとるようになってきました。

……とはいえ、大人のあなたは、正しい性の知識について子どもに
助言できる自信はありますか？

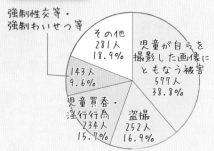

強制性交等・
強制わいせつ等

児童が自らを
撮影した画像に
ともなう被害
577人
38.8%

その他
281人
18.9%

143人
9.6%

児童買春・
淫行行為
234人
15.7%

盗撮
252人
16.9%

(警察庁「被害児童1,487人の被害態様別割合」2022年)

もっとフカボリ ▷━▶

はどめ規定

文部科学省の学習指導要領（年齢に応じて学習内容を定めるもの）では、第二
次性徴や生殖のしくみ、性感染症予防については扱うものの、肝心の妊娠の経
過は取り扱わないことになっています。これを「はどめ規定」といいます。つ
まり、セックスを教えずにコンドームの使い方だけを教えているのです。

包括的性教育

「包括的性教育」とは子どもたちに、身体的な話だけではなく性をめぐる人間関係や性のリスクとそれを避ける方法、
ジェンダー平等などについても扱う教育のことです。近年、学習指導要領を超えて子どもたちに性を学んでもらおうと
いう動きが広まりつつあります。

知っておきたい! 性にまつわるエトセトラ

プライベートゾーン

体の中でも性に関わる場所（口、胸、性器、お尻）のこと。自分以外の人に勝手にさわらせてはいけないし、自分も他人のプライベートゾーンを勝手にさわってはいけません。

性器の形はみんな違ってあたりまえ！

「仮性包茎」は大人の男性でも10人中7人がその状態といわれています。むいて亀頭を出すことができればまったく問題はありません。人の顔のように、性器も個性があってあたりまえ。

バウンダリー

何がOKで何がNGか、自分で境界を決めること。守られていなければたとえ保護者でも「NO」と強く言ってよいです。

PMS（月経前症候群）

多くの女性が、月経前にイライラしたり気持ちが落ちこんだりして体の不調を感じています。ひどい人は寝こんでしまうことも。「生理ぐらいで寝こむなんて……」という考えは改めましょう。

性のあり方はグラデーション

性を決める要素には「身体の性的特徴」「自分の性別をどう認識しているか（性自認）」「好きになる性（性的指向）」「性表現」などがあります。性的マイノリティを総称する言葉には「LGBTQ+」などがありますが、人によってはカテゴリの境界にあったり、自分の性自認があいまいだったりすることもあります。

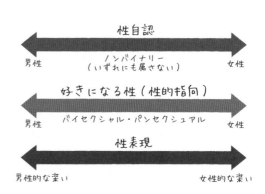

まとめ

● 性教育で人権を尊重する心を育てよう

「自分も他人も大切にする＝人権を尊重する」ということが、性教育の根本にあります。自分も他人も大切にするために何をするべきか、何をしてはいけないかを考えて、伝えることが、よい人間関係を築くことや性被害を防ぐことにつながります。

● 思春期突入！…でも大丈夫

たとえ幼いときに性教育ができなかったからといって、もう間にあわない…ということはありません。たとえばニュースをきっかけにして保護者が家庭内で性のことを話すなど、思春期の子どもが悩みを打ち明けやすい雰囲気をつくっていくとよいでしょう。

メモ ☐

NO! GO! TELL!
子どもの性被害を防ぐためのキーワード。「NO（はっきりと拒否をする）」「GO（その場から逃げる）」「TELL（信頼できる大人や相談機関に話す）」を心がけるようにしましょう。「TELL」の相手は3つほど選択肢があると安心です。

おすすめサイト

思春期・FP相談 LINE

一般社団法人日本家族計画協会では、思春期の体についての悩み相談を LINE で受けつけています。
https://www.jfpa.or.jp/puberty/telephone/

オススメの一冊

フクチマミ　村瀬幸浩『おうち性教育はじめます　一番やさしい！　防犯・SEX・命の伝え方』
（KADOKAWA、2020）

Q 大人が気をつけたい子どもへの性教育、適切な方法とは？

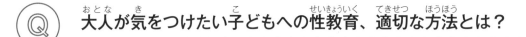

A 興味をもっていれば、5歳からでも話して OK！　子どもが自分で身を守るライフスキルを得るためには、正しい性の知識が必要。大人も自分の知識をアップデートしましょう。

正しい性の知識を得ることは、自分の体を大切に思える気持ちを育むことと、性犯罪から身を守ることの2つの意味があるよ！　大人も改めて自分自身を大切に思えているか、これを機に考えてみよう。

日々の生活の
あれやこれ

Q スマホで素敵な写真を撮るコツとは？

> 中学美術の範囲で映えな写真を実践したい！

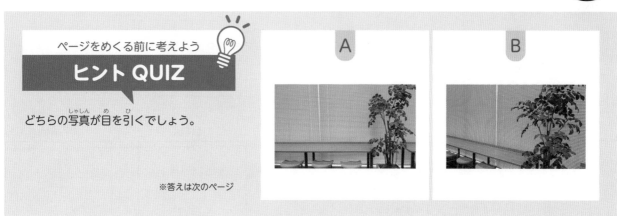

ページをめくる前に考えよう

ヒント QUIZ

どちらの写真が目を引くでしょう。

A

B

※答えは次のページ

A 何を撮るか決め、構図を工夫するとうまくいく。

ふだんスマートフォンで撮るものっていうと、食べ物、観光写真、子ども、かなあ。

そこにしぼって見ていこう。

教科書を 見 てみよう！

美術

構図と構成

おもに中学美術を参考に作成

構図とは、画面全体にえがくものを配置する骨組みのことで、水平線構図や垂直線構図、対角線構図などがあります。構成とは色や形を組み合わせるときのルールのことで、アクセントやコントラストなどを指します。

もっとフカボリ ▷━━▶

スマートフォンでいい感じに撮影するには

・漫然と撮らないで構図を意識する
・スマートフォンのカメラ機能を活用する

構図を意識する

・縦横の線をガイド線に合わせる
・3分割構図をものにする
・スマートフォンの9分割ガイド線の交点に被写体を
・対角線構図を意識する
・S字構図
・C字構図
・奥行きを出す配置

iPhoneの場合は設定→カメラ→グリッドをONでガイド線が表示されるよ。

3分割構図

9分割の交点に被写体を置くと安定する

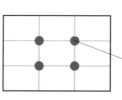

S字構図

C字構図

ヒントQUIZの答え：Bのほうが目を引きませんか？ Bで意識したのが対角線構図です。

書いて身につく! おさらいワーク

問題 スマートフォンで写真を撮るコツをまとめました。[　　]にあてはまる語を選びましょう。

（1） 何を見せたいか意識する

真上から撮影した

メインを
手前にした

| S字 |
| C字 |
| 目の高さ |
| 9分割 |

（2） [　　　　　　　]のガイド線を意識する

漫然と撮影した

横のガイド線を
植物に、
縦のガイド線を
ハンギングの
器具に合わせた

（3） 重要なものを近くに置く

[　　　　　　]構図

曲線を
2つ以上組み合わせる
奥行きの出る構図

（4） 食べ物に向いている

[　　　　　　]構図

食器のふちを
意図的に写さないことで
被写体に注目を集める

（5） 子どもを撮るときは [　　　　　　] を合わせる

大人の
目の高さから
見下ろして撮影

子どもと
目の高さを
合わせて撮影

まとめ

● 構図とは

画面全体にえがくものを配置する骨組みのことです。写真を撮るとき意識しましょう。

● スマートフォンで写真を撮るコツ

・何を見せたいか意識してそこが目立つようにする

・カメラのガイド線に風景の縦か横を合わせる

・9分割のガイド線の交点に撮りたいものが来るように撮るとしっくりきやすい

・食べ物はS字構図、C字構図を意識するとおいしそう

・子どもを撮るときは子どもの目の高さで撮ってみる

● スマートフォンの機能を味方にしよう

・屋外など明るいところの撮影にはHDR機能をONにする

・料理を撮るときにポートレートモードにしてみる

● スマートフォンを揺らさない工夫

・脇を締める

・テーブルに腕をつける

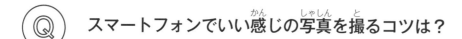

Q スマートフォンでいい感じの写真を撮るコツは？

A カメラ画面のグリッド線を使い、構図を意識して、スマートフォンの機能もフル活用。

この単元の写真は、担当編集者が文理の本社がある学研ビルの社員食堂で、社用携帯の iPhone SE で撮影し、料理は撮影後においしくいただいたよ。

登場したぬいぐるみは、文理のキャラクター「キュリオ」だよ。

おさらいワークの答え：(2)9分割　(3)S字　(4)C字　(5)目の高さ

Q　片づいた部屋で快適に暮らすには?

部屋に入る前にひとつ言っておきたいんだけど私もこの部屋を良しとしてるわけではなく、むしろキレイな部屋は好きで、ただ整理はちょっと苦手で、キレイにしてる日もあるんだけど、今日は散らかってる方の日で

急に家に来ちゃってホントごめんね

あれ、つめ切りってどこに置いてたっけ……?
必要なときに必要な物が見つからない!

ページをめくる前に考えよう
ヒント QUIZ

次の生活空間とそこで考えられるおこないを正しく線で結びましょう。

※答えは次のページ

①浴室 ● ● カレーをつくる

②居間 ● ● トランプをする

③台所 ● ● 体を洗う

A　住まいの空間を「生活行為」で分けて、物を整理・整頓してみよう。

「生活行為」ってどういうこと？

人が生きていくうえで営まれる、すべての行為のことだよ。睡眠や入浴、食事や家族団らんなどがあるね。

教科書を 🔍見 てみよう！

家庭

生活行為とは

おもに中学家庭分野を参考に作成

住まいの空間は右のような生活行為によって大きく分けることができます。

整理と整頓の違い

おもに中学家庭分野を参考に作成

整理…物の使いみちを考えて、使う目的や使い方によって必要かそうでないかを分別すること

整頓…整理した物の置き場所を決め、使いやすく見た目もよいように片づけること

一に整理、二に整頓。使ったら戻す、ときどき自分の整頓を見直す……という機会をもつことが大事です。

個人生活の空間	共同生活の空間
睡眠・学習 趣味・仕事　など	家事作業の空間 調理・洗濯 アイロンかけ など

収納、通行のための空間

生理・衛生の空間	家族生活の空間
入浴・洗面 排せつ　など	食事・団らん 遊び・接客　など

ドア

つまり、こういうこと

まずは、生活行為と住まいの空間に合わせた物が正しく置かれているか、考えてみましょう。生活行為と空間が一致したら、そこで必要な物とそうでない物を、右の表を参考にして分けます。必要な物がわかったら、それぞれの置き場所を決める。この順番で進めるのが、快適生活を送るための近道です。

たとえば、食器棚では……

	よく使う物	あまり使わない物
必要な物		
必要でない物		
	再使用できる物	処分する物

　💡 ヒント QUIZ の答え：①浴室—体を洗う　②居間—トランプをする　③台所—カレーをつくる

書いて身につく！ おさらいワーク

1　次の生活空間にあてはまる生活行為を□から選んで書きましょう。また、住空間の例を□から選んで書きましょう。

	家族生活 の空間	家事作業 の空間	個人生活 の空間	生理・衛生 の空間	収納や通行 のための空間
生活 行為	❶	❷	❸	❹	❺
住空間 の例	❻	❼	❽	❾	❿

生活行為

食事　　団らん　　収納
　　通行　　洗面
睡眠　　勉強　　仕事
入浴　　排せつ　　洗濯
出入り　　調理　　接客

住空間の例

ダイニング　　トイレ　　テラス
　　台所　　玄関　　押し入れ
寝室　　子ども部屋　　仕事部屋
浴室　　居間　　洗面所　　廊下
　　階段　　クローゼット

2　次の図は「持ち物の整理表」です。❶～❹にあてはまるものを、□から選んで記号を書きましょう。

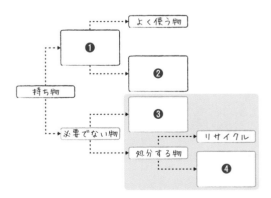

ア　再使用できる物　　　イ　必要な物
ウ　あまり使わない物　　エ　ごみ

❶ [　　　　　　] 　　❷ [　　　　　　]

❸ [　　　　　　] 　　❹ [　　　　　　]

まとめ

● 整理整頓で節約、時短をかなえる

整理・整頓で自分の身のまわりの物が見えるようになると、同じような物を買うことがなくなり、むだが減ります。また、欲しい物がすぐに取り出せるので、時短にもなります。

● 3R（5R）とは

整理した結果、出てくる不用品。ごみに出す前にちょっと待って！　使えそうな物は活用方法を考えてみませんか？　環境を守るための取り組みとして「3R（5R）」という言葉があります。

①	Reduce	むだを減らす。最後まで使い切る
②	Reuse	再使用する
③	Recycle	資源として使う

さらに「Refuse（リフューズ）……ごみになるものは受け取らない」「Repair（リペア）……壊れたら修理して使う」の2語を追加して5Rとなります。

注意 ⚠

家庭内事故の防止

幼児や高齢者のいる家庭だと、転倒や誤飲などでけがをしたり命を落としたりする可能性が高まります。住空間を整頓するときには、自分の家族にとって危険なことがないかも、合わせて考えましょう。

メモ 🗒

快適な住空間を維持するために

現代の住まいは窓枠の性能が向上し気密性が高まった結果、住居内の空気が循環しにくく結露やカビ、ダニが発生しやすくなりました。防犯対策に気を配りつつ、窓を開けて風を通す習慣をつけましょう。

Q 片づいた部屋で快適に暮らすには？

A まずは住まいの空間を生活行為で分けてみましょう。次に整理→整頓。そのあとの見直しとキープも大事です。

> 今は100円均一店やホームセンターで便利な収納アイテムが続々と出ているね！
> シンデレラフィットする物を見つけると、気分も上がるよ～♪

おさらいワークの答え：**1** ❶食事、団らん、接客　❷調理、洗濯　❸睡眠、勉強、仕事　❹入浴、排せつ、洗面　❺出入り、通行、収納　❻ダイニング、居間、テラス　❼台所　❽寝室、子ども部屋、仕事部屋　❾浴室、トイレ、洗面所　❿玄関、廊下、階段、押し入れ、クローゼット
2 ❶イ　必要な物　❷ウ　あまり使わない物　❸ア　再使用できる物　❹エ　ごみ

大人の技術分野・材料と加工の技術

Q # DIY を始めるときに、まずすることは？

デッドスペースに棚を作ろうと思い立ってから——

もう2年かぁ…

2年前に買った初心者用DIYセット⇒

デッドスペース

家の中にあるデッドスペースに棚がほしいけど、既製品だと全然サイズが合わない！　これを機に DIY してみる？

ページをめくる前に考えよう

ヒント QUIZ

DIY（Do it yourself の略）は、どの国が発祥とされているでしょう。

※答えは次のページ

A	アメリカ
B	カナダ
C	イギリス

A — DIY 入門編、まず設計図をつくってみよう。

｛設計図〜〜!? 無理無理!! それより早くホームセンター行ってなんだか素敵なアイテムをゲットしようよ♪｝

｛最初にホームセンター行くと、いろんなアイテムを買いたくなっちゃうから、その前に必要な手順をふもうね!｝

教科書を 見 てみよう!

技術

生活をふり返り、課題を見つける

おもに中学技術分野を参考に作成

今は百円ショップやホームセンターでいくらでも便利な商品が売られている時代。でも、引っ越し先などでどうしてもデッドスペース（家の中などの、利用しにくい空間のこと）が生まれてしまい、そこを埋めるための既製品がなかなか見つからない……ということもよくありますよね。既製品ではかなえられないオンリーワンの作品、失敗しないためにも中学技術分野の「材料と加工の技術」を利用して取り組んでみましょう。

「設計」と聞くと、「なんだかハードル高そう……」と思ってしまうかもしれませんが、右のような手順をふめばそう難しいこともありません。

・生活の中で「困っていること」を具体的な言葉でメモしてみましょう。何をつくればよいかが見えてきます。

・構想を練るときは、絵だけでなく文章で表すこともおすすめです。たとえば「家族のみんなが探しやすくて戻しやすい、テレビのリモコンラックをつくりたい!」などです。

何をつくりたいか決める
▽
構想を練る
▽
アイデアスケッチをかく
▽
採寸する
▽
（見取り図をかく）
▽
設計図をかく
▽
部品図をかく

つまり、こういうこと

身のまわりの「困りごと」を発見→課題を設定→設計してみましょう。道具をそろえるのはそこから。

｛デッドスペースに物を収納したい!｝

｛散らかりがちな机を整理したい!｝

｛推しキャラにふさわしい収納グッズがない!｝

ヒント QUIZ の答え：C　イギリス。第二次世界大戦終結後、廃墟となったロンドンで元軍人たちが「何でも自分たちでやろう」を合い言葉にして、町を建て直そうとした取り組みが始まりとされます。

書いて身につく！ おさらいワーク

1 下のイラストを見て、どんな家具が足りないか考えてみましょう。また、右のイラストにどんな家具があればよいかかきこんでみましょう。

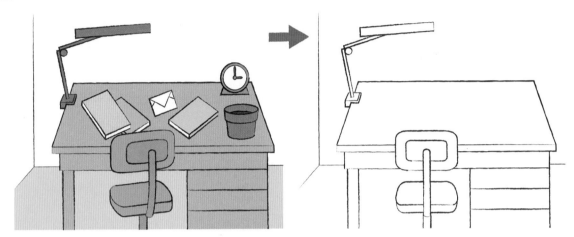

2 次の表は、つくりたいものの構想をするときに検討することをまとめたものです。

検討項目	具体的な検討内容
構造	丈夫な構造をしているかどうか、 ❷[　　　　　　　　　　]など
❶[　　　　　　　]	使う場所、形や大きさ、 ❸[　　　　　　　　　]、デザインなど
材料	材料の特徴や強度、 ❹[　　　　　　　]、材料の大きさなど
加工方法	加工できるか、 ❺[　　　　　　　　　]など

使いやすさ

価格　　機能

工具

力の加わる方向

❶～❺にあてはまる語を□□からそれぞれ選びましょう。

まとめ

●構想を具体化しよう

頭の中に思いえがいただけで道具を買いに行くと、「棚板の厚みを考えに入れてなかった！」や「部品が足りない」など失敗しがちです。設計図をかくことで、どれぐらいの部品や道具が必要なのかがわかり、製作手順も把握できます。

また、製作にかかる時間のめやすや難易度がわかることで、自分のスキルや時間に合わせて計画を修正することができます。

構想を具体化してみてわかったよ。
この棚はひとりじゃつくれない。
手伝って！！

………。

メモ 🗒

人間工学の考えをとりいれよう
「人間工学」とは、人間ができるだけ自然に使いやすいよう、物や環境を設計するための学問のジャンルです。この考えをとりいれると、たとえば椅子をつくるとき、使用場面に応じてどれぐらいの高さの背もたれにするか、座面のクッションはどうするか…などを決めることができます。

オススメの一冊

ドゥーパ！編集部『決定版 DIY 基本テクニック百科』
（ワン・パブリッシング、2021）

●技術でかなえる地球に優しい自分

少し規模の大きな話になりますが、既製品を買わずに自分で物をつくる姿勢は、現在の大量生産・大量消費や資源の減少がもたらす環境問題を解決することにもつながります。

Q DIY を始めるときに、まずすることは？

A 身のまわりの「困りごと」を発見したら→課題を設定→設計してみましょう。道具をそろえるのはそこから。

SNS にアップされている作品など、
参考にしてみるのもいいよね！

 おさらいワークの答え：**1** 例　本立て、レター・メモラック、コーナーラックなど。
2 ❶機能　❷力の加わる方向　❸使いやすさ　❹価格　❺工具

大人の美術分野・色の対比と配色

Q 中学美術の範囲でコーディネートのコツを教えて！

※洋服屋にて自タンスと交信中

えーと…
今の手持ち一軍が
アレとアレで…
二軍にも日の目を
見させるには…

考えろ…考えろんだ…

何色を買ったら
一番着回しが
きくんだ？

おしゃれって言われたい
わけじゃないの。

わかる。生活するうえで必要最小限
のコーディネート術ってことだよね。

ページをめくる前に考えよう
ヒント QUIZ

AさんとBさん、どちらが落ち着いて見えるでしょう。

※答えは次のページ

A B

A 色どうしの関係をおさえると うまくいく。

 { 中学美術でかなえる、生きていくためのコーディネート術！

いいね、「大人の教科書ワーク」っぽい！ }

教科書を 🔍 見 てみよう！

色の三要素

おもに中学美術を参考に作成

色には色相、明度、彩度の3つの要素があります。

もっとフカボリ ▷━━▶

色の種類
色には無彩色（色みがない白、黒、灰色）と有彩色（無彩色以外のすべての色）があります。

色の三要素　色相
有彩色の、色みの違いのことで、色そのもののことです。
・暖色（赤色系）…暖かく感じられる色、明るい・活動的などの
　　　　　　　　　印象
・寒色（青色系）…寒く感じられる色、涼しい・冷静などの印象
・中性色…暖色、寒色に属さない色

色の三要素　明度
色の明るさの度合いのことです。

色の三要素　彩度
色のあざやかさの度合いのことです。

色の感情効果
・寒暖…青色系は寒く、赤色系は暖かい印象をあたえる
・軽重…明度の高い色は軽く、低い色は重い印象をあたえる
・強弱…彩度の高い色は強く、低い色は弱い印象をあたえる

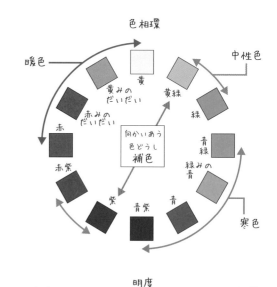

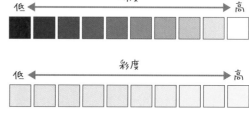

ヒントQUIZの答え：色相環で近い位置にある色でまとめたのでBが落ち着いて見えると思います。Aは補色の組み合わせのためコントラストが際立ち、強い印象をあたえます。

書いて身につく! おさらいワーク

1 次の色の組み合わせのうち、いちばん涼しそうに見えるものに○をつけましょう。

(1) [   ] (2) [   ] (3) [   ]

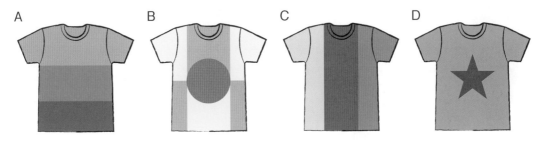

2 次の図を見て、あとの問いに答えましょう。

A   B   C   D

(1) 色の温度的な印象から、A・Bで使われている色はそれぞれ何とよばれますか。

A [   ] B [   ]

(2) CのTシャツについての説明として、[   ] にあてはまる語は「近い」と「遠い」のどちらですか。

・Cに使われている3色は、互いに色相環で [   ] 位置にある。

(3) DのTシャツについて、次の問いに答えましょう。
① Dで使われている、色相環で向かいあう色どうしの関係を何といいますか。

[   ]

② DのTシャツで背景と反発している星を見やすくするためにはどうすればよいですか。
[   ] にあてはまる色を答えましょう。

・星のまわりに、白など [   ] の線を入れる。

まとめ

●色には性格がある

・寒暖…青色系は寒く、赤色系は暖かく感じられる
・軽重…明度の高い色は軽く、低い色は重く感じられる
・強弱…彩度の高い色は強く、低い色は弱く感じられる

●服を選ぶとき

・色の性格の、寒暖、軽重と強弱を組み合わせるといい感じ
・無彩色をはさんで色の主張を中和する

●柄物を選ぶとき

・ボトムスよりトップスに取り入れる
・柄から1色を選んでほかの服を選ぶとなじみやすい

●コーディネートに正解はない！

・好きな色、着たい色をまず選び、この単元を参考に合う色を組み合わせてみる

色の対比

文字の色は同じだが
右の文字のほうが
左の文字よりも
明るく感じられる

文字の色は同じだが
色みが異なって見える

文字の色は同じだが
右の文字のほうが
左の文字よりも
あざやかに感じられる

Q 中学美術でかなえる、生きていくためのコーディネート術は？

A 好きな色、着たい色を選び、それに合う色を考えてみましょう。

おさらいワークの答え：**1** （2） **2** （1）A 寒色　B暖色　（2）遠い　（3）①補色　②無彩色

Q 服に合わせた最適な洗濯方法とは?

お店の人に「お家でお洗濯できますよ!」って言われたから
安心してたのにー!!　びっくりするくらい縮んじゃった……。

ページをめくる前に考えよう
ヒント QUIZ

これは、衣服の「取り扱い表示」に関する
記号例です。どのような意味でしょう。

※答えは次のページ

A 40℃までのお湯なら手洗いで洗濯できる。

B 繊細な衣類なので、素手で手洗いする。

C 洗濯の前に手を清める。

その服に合った洗濯を、選択しよう。

洗濯ってなんとなく自己流で洗っちゃいがち…。そして失敗することも。

その服に合わせた適切な方法で洗えば、生地も長もちして、長く着続けることができるよ！

教科書を 見 てみよう！

家庭

アナタの服にもついている① 「組成表示」

おもに中学家庭分野を参考に作成

店で売られている服には、買った人にその品質を保証するためにさまざまな表示がついています。そのうちの「組成表示」とは、どのような種類の繊維でつくられた布かがわかるものです。たとえば、右の図はこの布が、ポリエステル65%・綿35%であることを示しています。

組成表示

| ポリエステル | 65% |
| 綿 | 35% |

日本製
はっ水
（水をはじきやすい）

□□株式会社
○○市△△町1-2-3

取り扱い表示

アナタの服にもついている② 「取り扱い表示」

おもに中学家庭分野を参考に作成

買った服をどのように洗濯するか、ひとめで理解できるよう、いくつかの図柄で示されているのが「取り扱い表示」です。表示は5つの基本記号（家庭洗濯・漂白・乾燥・アイロン・クリーニング）と付加記号や数字の組み合わせで構成されています。
※洗濯表示は2016年12月に国際規格に合わせたものに変更されました。

家庭洗濯　漂白　乾燥
アイロン　クリーニング

※服の表示にはほかに〔サイズ表示〕〔原産国表示〕〔メーカーの連絡先〕などがあります。

つまり、こういうこと

どのような繊維でつくられた布か…組成表示を見る
どう洗濯すればよいか…取り扱い表示を見る

繊維の種類と洗濯方法を読みとけば、洗濯マスターへの道が開かれます！

繊維の種類			
天然繊維		化学繊維	
植物繊維	動物繊維	合成繊維	再生繊維
綿 麻	毛 絹	ポリエステル ナイロン アクリル	レーヨン キュプラ

ヒント QUIZ の答え：A　40℃までのお湯なら手洗いで洗濯できる。

書いて身につく！ おさらいワーク

1 下の図は、繊維の性質をまとめたものです。[　　]の文字をなぞりましょう。

		種類	ぬれたときの強度	適する洗剤	防しわ性	アイロンの温度	その他の特徴
天然繊維	❶[植物]繊維	綿	◎	弱アルカリ性	△	高	●水をよく吸う ●肌触りが優しい
		麻	◎		△	❺[高]	●水をよく吸う ●まとわりつかず涼しい
	❷[動物]繊維	❸[毛]	○	❹[中性]	◎	中	●水中でもむと縮む ●❼[虫の害]を受ける ●日光で黄変する
		絹	△		△	中	●虫の害を受ける ●光沢 ●日光で❽[黄変]する
化学繊維	合成繊維	ポリエステル	◎	弱アルカリ性	◎	中	●再汚染しやすい ●縮まない ●熱水中でついたしわがとれにくい ●乾きが早い ●静電気を帯びやすい
		ナイロン	◎		◎	低	
		アクリル	◎		◎	❻[低]	

2 夏の肌着として着る衣服を選ぶとき、どの表示がついた服が適切ですか。下の①～③から選びましょう。

①
ポリエステル　100％
（はっ水加工）

軽く押し洗いする。

②
綿　70％
ポリエステル　30％

洗濯ネット使用。

③
ナイロン　54％
アクリル　24％
ポリエステル　22％

中性洗剤を使用。つけ置き禁止。弱く絞る。アイロンは当て布使用。

はっ水加工とは、繊維に水をはじく性質をもたせた加工をほどこしたもののことだよ。

[　　　　]

57

まとめ

● 衣服の素材を知ろう

衣服にはその用途に合わせて、さまざまな種類の繊維が使われています。適した洗剤の液性（アルカリ性や中性）や乾燥方法、アイロンの温度などの違いを知り、適切な手入れをすることで、衣服を長もちさせることができます。

メモ

アイロンがけ、何でも高温にしていませんか？素材によって熱に弱いものがあります。たとえば絹製品は中温、アクリルやナイロン製品は低温がおすすめです。

メモ

食べこぼしなどで油を多く含んだしみは、洗濯の前に食器洗い用の中性洗剤で予洗いしてみると、かなり落ちます。

● 取り扱い表示マスターは洗濯マスターへの近道

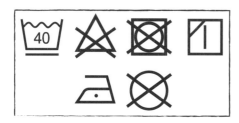

上記の表示の場合は……

〔40〕	洗濯液の温度は40度まで。洗濯機で弱い洗濯ができる。	〔つり干し〕	日陰でつり干しがよい。
〔漂白×〕	漂白はできない。	〔アイロン〕	アイロン温度は110℃まで。
〔タンブル×〕	タンブル乾燥はできない。	〔ドライ×〕	ドライクリーニングはできない。

となります。

Ⓠ **服に合わせた最適な洗濯方法とは？**

Ⓐ **その服の組成表示と取り扱い表示の見方を知ることでマスターできます。**

> セーターが縮む原因としては、おもに水に弱い場合と、乾燥機などの熱に弱い場合があるよ！ 家で洗えないけど大切にしたい服なら、プロに頼むという選択肢は全然アリ！

おさらいワークの答え：**2** ②…ポリエステルは乾きやすく、また綿は汗を吸いやすい素材です。両方を組み合わせた布が、汗をかきやすい夏の肌着には適切です。

大人の家庭分野・消費者の権利と責任

Q 大人だし「安物買いの銭失い」はもうしたくない！

内訳

	一度の洗濯で首がよれよれになったTシャツ
	体型に合わなかったスカート
	着てみたら思ってたのと違ってたトップス

送料無料にするために安い服3着も買っちゃったけど着れるものが1つもないなんて

この服、安くてデザインが可愛いから買っちゃったけど、1回洗濯したらすぐよれよれに！ 値段だけで選ぶと失敗することもあるね……。

ページをめくる前に考えよう
ヒント QUIZ

長く使える商品を選ぶために、どこを確認すればよいでしょう。

※答えは次のページ

A 値札　　B 品質表示

¥980

ポリエステル 70%
綿 30%
他のものと分けて洗濯してください。ネットに入れてのお洗濯をおすすめします。
日本製
株式会社 FASHION

A 買う人には権利だけじゃなくて、責任もある！

てっきり、買う側には
権利しかないと思っていたよ？

改正された消費者基本法では、消費者は
保護されるだけでなく自ら知識をもつよう、
よびかけられてるよ。

教科書を 見 てみよう！

消費者としてできること　〜権利と責任〜

おもに中学家庭分野を参考に作成

消費者には、必要な知識や情報を集めたり、教育を受けたりする権利と責任があります。

以前は、消費者の権利だけ提唱されていましたが、現在では右の図のように、8つの権利と5つの責任が国際消費者機構（CI）によりあげられています。

商品を購入するときは、必要性や予算などの優先順位を考え、計画的に購入することが大切です。

家庭

8つの権利

①安全を求める権利
②知らされる権利
③選択する権利
④意見が反映される権利
⑤補償を受ける権利
⑥消費者教育を受ける権利
⑦生活の基本的なニーズが保障される権利
⑧健全な環境を享受する権利

5つの責任

①批判的な意識を持つ責任
②主張し行動する責任
③連帯する責任
④環境への配慮をする責任
⑤社会的弱者に配慮する責任

1962年に提唱されたのは、「安全を求める権利」
「知らされる権利」「選択する権利」「意見が反
映される権利」の4つだったよ。

つまり、こういうこと

消費者には、商品を買ったあとにも責任がある

商品がつくられた過程や使い終わったあとのことを考えて買い物をすることが大切です。

⦿商品を選ぶときのおもなポイント
・安全性・機能性…品質はよいか
・価格……品質や目的からみて適切か
・アフターサービス…保証は受けられるか
・環境への配慮…資源をむだにしていないか

 ヒント QUIZ の答え：B　品質表示

書いて身につく! おさらいワーク

1 消費者の8つの権利のうちの5つについて、正しい説明を線で結びましょう。

❶安全を求める権利	❷知らされる権利	❸選択する権利	❹意見が反映される権利	❺補償を受ける権利

A	B	C	D	E
健康や命に関わる危険な商品から守られること	不良品の交換や被害への損害賠償を受けられること	商品の選択に必要な正しい情報が得られること	消費者の意見に応えた商品開発がおこなわれること	さまざまな商品から、満足できるものを自由に選べること

2 次の❶~❸の行動にあてはまる消費者の責任は何ですか。□の中のア~オから1つずつ選んで、記号で [   ] に書きましょう。

❶新品の商品がすぐに壊れたので、品質を高めてもらうよう製造元に連絡した。

[   ]

❷フェアトレードで輸入された商品を購入した。

[   ]

❸値段は少し高いけれど、長く使える商品を購入した。

[   ]

ア 批判的な意識を持つ責任	イ 主張し行動する責任
ウ 連帯する責任	エ 環境への配慮をする責任
オ 社会的弱者に配慮する責任	

まとめ

●消費者の8つの権利と5つの責任

8つの権利	
①安全を求める権利	②知らされる権利
健康や命に関わる危険な商品から守られること	商品の選択に必要な正しい情報が得られること
③選択する権利	④意見が反映される権利
さまざまな商品から、満足できるものを自由に選べること	消費者の意見に応えた商品開発がおこなわれること
⑤補償を受ける権利	⑥消費者教育を受ける権利
不良品の交換や被害への損害賠償を受けられること	商品の選択に必要な知識と能力を身につけられること
⑦生活の基本的なニーズが保障される権利	⑧健全な環境を享受する権利
衣食住など、生活に欠かせない物資やサービスが得られること	現在や未来の人々を脅かさない環境で働き、生活できること

5つの責任	
①批判的な意識を持つ責任	②主張し行動する責任
商品の価格や品質に関心や疑問をもつこと	商品に問題があったとき、相談したり改善を求めたりすること
③連帯する責任	④環境への配慮をする責任
消費者の利益を守るために協力すること	消費行動が環境にあたえる影響を考えること
⑤社会的弱者に配慮する責任	
消費行動が立場の弱い人などにあたえる影響を考えること	

メモ□

消費者基本法
消費者政策の基本となる法律。消費者の権利を尊重することや、消費者の自治支援を基本理念としています。

エシカル消費
エシカルとは「倫理的な」という意味の言葉。自分だけ満足するのではなく、他人や社会全体、環境のことを考えた倫理的な消費のことをエシカル消費といいます。

商品に問題があった場合は、製造元に相談して、品質を改善してもらうこともひとつの方法だよ。

Q 大人だし「安物買いの銭失い」はもうしたくない！

A 買う人には権利だけじゃなくて、責任もあります。資源には限りがあることを考えて、環境に配慮した商品を選んで買い、長く使い続けるようにしましょう。

値段が高いと質もいいってわけじゃない。商品の情報を集めて、正しく判断できるのがかしこい大人だね。

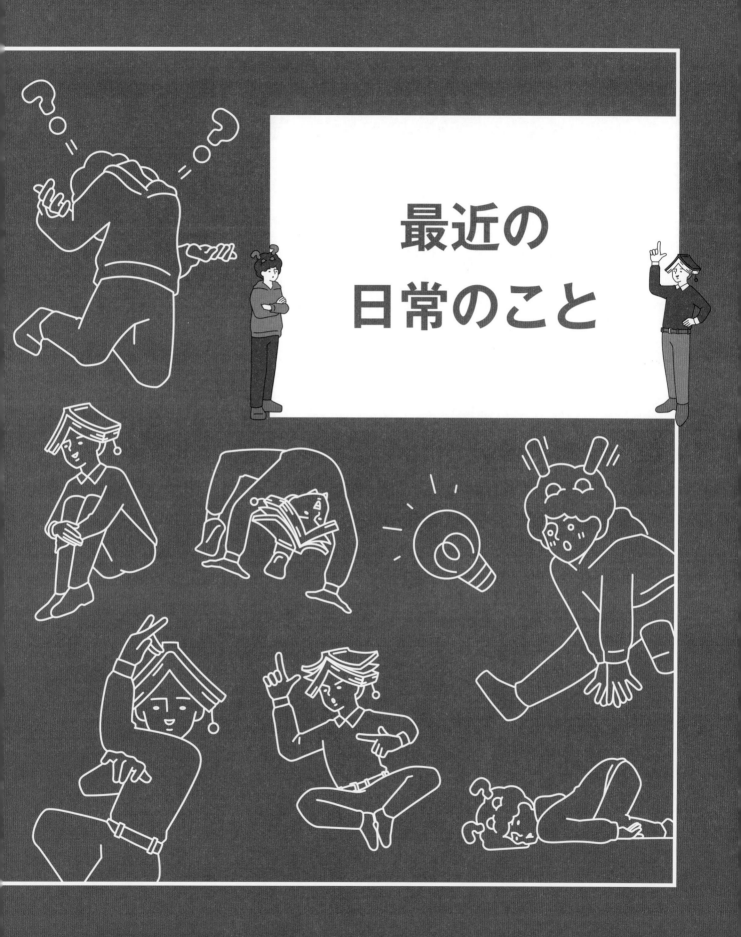

最近の
日常のこと

Q クレカや電子マネー、使いすぎを防ぐには?

 ホント便利だよね、電子マネー！現金持たなくなっちゃった。

ちょ、ちょっと！ 銀行の残高が3ケタになってるよ!!

ヒント QUIZ
ページをめくる前に考えよう

クレジットカードの審査には「信用の4C」という考え方があります。「Character（人格）／Capacity（支払い能力）／Capital（資産）」と、あと1つはどれでしょう。

※答えは次のページ

ア	Career（職業）
イ	Control（自己管理）
ウ	Charm（魅力）

{ クレジット、プリペイド、QRコード決済……。今っていろんな支払い方法があるよね。

大きく３つの方法に分かれているよ！

教科書を 🔍 見 てみよう！

いろいろな支払い方法

おもに中学家庭分野を参考に作成

代金の支払い方法には、大きく前払い、即時払い、後払いの３つがあります。近年ではその簡便さから、クレジットカードに加えて前払い式電子マネーでの支払いも増えており、「目に見えないお金」の動きも把握しないといけないように。子どもだけでなく大人も、持続できる金銭管理に取り組む必要があります。

つまり、こういうこと

商品代金の支払い方法には大きく前払い・即時払い・後払いがあります。それぞれメリットはありますが、現金以外はお金が見えにくい構造であることに変わりありません。「チャージをくり返し、気がついたら残高がなくなっていた……」「分割払いで利息がついて、なかなか返済が終わらない……」なんてことのないように、自己管理する力をつけましょう。

	前払い	即時払い	後払い
種類	商品券、プリペイド型電子マネー（交通系カードなど）、バーコード決済など	現金、デビットカード、バーコード決済など	クレジットカード、バーコード決済など
特徴	・現金を用意しなくてよい ・チャージ金額を自分で設定できる ・紛失したら他人に使われる恐れがある	・使いすぎを防げる ・会計時すぐに口座から引き落とされるのでわかりやすい ・口座残高がなければ使用できない	・現金や残高がなくても限度額まで買い物できる ・支払えない場合、不払いの履歴が個人の信用情報として残り、将来の住宅ローンなどの審査に影響する可能性がある ・分割払いにすると、手数料がかかる

💡 ヒントQUIZの答え：イ Control（自己管理）

書いて身につく！ おさらいワーク

1 次のA〜Cについて、あとの問いに答えましょう。

A　商品を購入する ときに、その場で 代金を支払う。	B　商品を先に手に 入れて、期日まで に支払う。	C　あらかじめ券な どを購入し、現金 の代わりに使う。

（1）　A〜Cの支払い方法を、それぞれ何といいますか。

A [　　　　　　　　] B [　　　　　　　　] C [　　　　　　　　]

（2）　Bの支払い方法で気をつけなくてはいけないこととは何ですか。思いついたことを書きましょう。

[

]

2 次の金銭管理の方法のデメリットをそれぞれ書きましょう。

	方法	メリット	デメリット
レシート管理	レシートや領収書を期間や 項目ごとにノートに貼る	・手軽にできる。 ・支出が見える化しやすい	ア
小遣い帳	期間ごとの収支を記録する	・支出だけでなく収入も記録でき るのでふり返りやすい	イ
PC・アプリ管理	表計算ソフトやスマホアプ リなどで収支を記録する	・自動で計算、グラフにしてくれ るので管理しやすい ・高額でも計算しやすい	ウ

まとめ

他教科リンク　数学45ページ　　他教科リンク　社会21ページ

● 世界で急速に進むキャッシュレス化

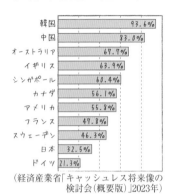

韓国	93.6%
中国	83.0%
オーストラリア	67.7%
イギリス	63.9%
シンガポール	60.4%
カナダ	56.1%
アメリカ	55.8%
フランス	47.8%
スウェーデン	46.3%
日本	32.5%
ドイツ	21.3%

（経済産業省「キャッシュレス将来像の検討会（概要版）」2023年）

世界的にスマートフォン利用がスタンダードになったことやECサイト（ネットショップ）の進展から、多くの国々でキャッシュレス化が進んでいます。日本でも今後の外国人旅行者のインバウンド消費を見据えて、積極的に進めようという流れになっています。

● 金銭管理の習慣を

・まずは毎月の支出が収入を上まわらないように、予算を立てます。

収入－固定費（家賃や水道・光熱費）＝流動費　の考えを身につけましょう。また、貯蓄分も固定費同様に先取りしておくこともおすすめです。

・支出の管理は自分がやりやすい方法で。とにかく継続させることが大事です。

◇アナログ派…レシートや小遣い帳で管理

◇デジタル派…毎月のチャージ金額を決めたり、家計簿アプリを利用したりする

注意 ⚠

狙われやすいクレジットカード

クレジットカードはフィッシングやスキミングなどに悪用される危険性が高いため、かんたんに貸し借りをしない、自分にしかわからない暗証番号にするなどの注意が必要です。

メモ ☐

FinTech（フィンテック）

金融（Finance）と技術（Technology）を組み合わせた造語です。スマートフォンを使った送金などの金融サービスと情報技術を結びつける近年の革新的な動きに対してよばれるようになりました。

おすすめサイト

知るぽると（金融広報中央委員会）

ライフプランのシミュレーションなど、暮らしに役立つ身近なお金の知識・知恵が得られます。

https://www.shiruporuto.jp/public/

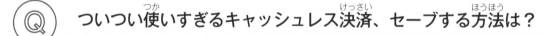

Ⓠ ついつい使いすぎるキャッシュレス決済、セーブする方法は？

A 収入と同じぐらいに支出も「見える化」し、自分が取り組みやすい形で収支管理を続けるようにしましょう。

タッチ決済って、ポイント還元だったり紹介キャンペーンだったりと、お得なことが多くてつい使っちゃいがち……！　常に心に給与明細を！

おさらいワークの答え：**1** (1)A　即時払い　B　後払い　C　前払い　(2)例　お金がなくても商品を買えてしまうこと。　**2** アの例　レシートがない商品の管理がしづらい。／イの例　自分で計算して集計する必要がある。／ウの例　データ消失の可能性がある。

68

Q Webの画像を使って賠償金！なんて事態を避けるには？

自分ではかけないし、ネットにアップされているものなら
使っていいんでしょ？

ヒント QUIZ
ページをめくる前に考えよう

次のうち、著作物にあてはまるものはどれでしょう。

※答えは次のページ

A	オリジナルのイラスト
B	演劇の脚本
C	商店街の案内地図

A 知的財産権について学ぼう。

「知的財産権」……。
あまりに強そうなワードで怖い。

人間の創作物に関する利益を
保護する権利だよ。

教科書をてみよう！

技術

知的財産や著作物

おもに中学技術分野を参考に作成

人間が創作的活動で創り出した発明やデザイン、著作物などを知的財産といい、知的財産に関する利益を保護する権利を知的財産権といいます。

知的財産のうち、著作物は著作権法によって保護されます。他者の著作物を公衆に向けて広める場合、原則として著作者から許諾（利用する許可）を得る必要があります。

つまり、こういうこと

著作物には著作権があって法律で保護されているので無許可で広めてはいけません

著作物をつくった人＝著作者が、他者による勝手な利用を権利侵害と訴えた際、場合によっては賠償金を支払うなどの対応を迫られるケースもあります。

著作物の例示

言語の著作物	図形の著作物
音楽の著作物	映画の著作物
舞踊・無言劇の著作物	写真の著作物
美術の著作物	プログラムの著作物 ※プログラム言語、規約・解法を除く
建築の著作物	

せっかくの作品が勝手に改変されたり自分の知らないところで拡散されたりしたら作者は傷つくよね……。

それに、有料の作品を無料で使用したら、制作に関わる人が次の作品をつくれなくなり、文化の衰退を招くよ。これが、著作権を保護する大きな理由のひとつなんだ。

  ヒント QUIZ の答え：3つとも著作物です。

※答えは次のページ

書いて身につく! おさらいワーク

問題 著作権を保護する立場から見たとき、適切と思う行動には○、適切ではないと思う行動には×、判断が難しい行動には△をつけましょう。

❶ [　　　　　] テレビの番組を録画して後日家族と視聴した。

❷ [　　　　　] 新聞記事を撮影してSNSにそのままアップした。

❸ [　　　　　] キャラクターのTシャツをつくって即売会で販売した。

❹ [　　　　　] 正規のフリー素材サイトからダウンロードした画像を資料に使用した。

❺ [　　　　　] 好きなイラストレーターのイラストをスマホの待ち受け画像にした。

❻ [　　　　　] 好きなイラストレーターのイラストを自分のSNSのアイコンにした。

❼ [　　　　　] 無料で楽曲をダウンロードできる出どころのわからないサイトから新曲をダウンロードした。

❽ [　　　　　] フリー素材として提供されたキャラクターの服を規約を確認せずにかきかえてSNSにアップした。

他教科リンク
実技
81ページ

まとめ

● **著作権の保護**

・著作物には権利があり、許諾なしに広めると著作者から訴えられることもあります。

● **正規のサイトを利用しよう**

・海賊版サイトからのデータのダウンロードは個人的な利用であっても民事罰・刑事罰の対象に。正規のサイトには右のマークが掲示されているので目印にしましょう。

・素材は正規の素材サイトから探しましょう。フリー素材を利用する際は条件をよく確認すること。改変の可・不可、クレジットを掲示しなければならないものなど各種条件がある場合もあります。

● **おさらいワークの例を詳しく見てみましょう。**

❶○　個人利用の範囲内です。

❷×　見出し以外の本文をマスクするなどの対応をしましょう。

❸×　既存のキャラクターで許諾なくグッズをつくり販売することは絶対にやめましょう。

❹○　使用する際は条件をよく確認しましょう。

❺○　好きなキャラクターを楽しんで！

❻×　ネットにアップする＝他者に見せる場合は許諾が必要です。

❼×　「無料で楽曲をダウンロードできるサイト」、もしかして海賊版サイトでは？

❽△　「改変可」という条件がなければ、服だけだとしてもかきかえは著作権の侵害にあたります。

ＡＢＪマーク

電子書店や
電子書籍配信
サービス

Authorized Books of Japan
ABJ
54329876

エルマーク

音楽・映像
配信サイト

((一社)日本レコード協会 提供)

自分だけで利用
するなら
OK

他者に見せる＝広める
のは NG

Q 　著作物をきちんと利活用するには？

A 　**著作物には権利があることを理解して、条件を確認しつつ楽しみましょう。**

おさらいワークの答え：❶○　❷×　❸×　❹○　❺○　❻×　❼×　❽△

Q AIでつくったものって どれくらい信用できるの?

「AIは信用できますか?」…っと

もちろんAIは完璧に信用できますよ!!

なら何も心配ないな

AIくん

「人工知能」でしょ？頭よさそう。

AIが取りこむデータは人間がつくったものだしね……。

ページをめくる前に考えよう

ヒント QUIZ

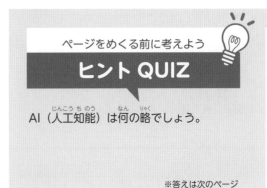

AI（人工知能）は何の略でしょう。

※答えは次のページ

AIくん

A 最終的な判断は自分で！特性を理解して便利に使おう。

生成 AI の一般化はこれから先の
未来を変えるといわれているよ。

教科書を 見 てみよう！

技術

技術の上手な生かし方

おもに中学技術分野を参考に作成

人工知能（AI）には多くの可能性があり、現在の課題の解決も期待できるいっぽう、新たな問題も生まれます。これからわたしたちがよりよい生活を送るには、新しい技術のプラス面とマイナス面を理解し、利用、活用のしかたを考えていく必要があります。

もっとフカボリ ▷ ──▶

AI を効果的に活用するリテラシー

・AI の特性を理解する
・最終判断は自分でおこなう
・適切な回答を得るスキルを習得する

つまり、こういうこと

人工知能（AI）も新技術

特性を理解し、正しく利用することで課題解決などの活用につなげることができます。

人工知能の歴史

年代	特徴やキーワード
1950	1956年、ダートマス会議で人工知能の概念が提起される 第1次人工知能ブーム
1960	・ニューラルネットワーク
1970	技術的な難問の登場
1980	第2次人工知能ブーム
1990	産業への活用が進む ・機械学習 ・データマイニング
2000	人工知能が一般化される動きが出始める ・ロボットのペットの登場
2010	第3次人工知能ブーム ・ディープラーニング
2020	2022年「ChatGPT」登場 ・生成 AI

（沼晃介『高校生が教わる「情報社会」の授業が3時間でわかる本』（翔泳社、2017年）ほか）

 ヒント QUIZ の答え：Artificial Intelligence（人工的な知能）。人工的につくられる「知的なふるまい」をするコンピュータシステムのことです。

※答えは次のページ

書いて身につく! おさらいワーク

1 次のカードを見ながら問題に答えましょう。左側のカードは AI の特性を示したものです。右側のカードは AI の特性の原因／理由を示したものです。組み合わせを考えて線で結びましょう。

❶あいまいな回答しか得られないことがある

❷回答としてまちがっているケースがある

❸最新の情報が含まれない場合がある

❹倫理的な判断ができない

a．AI にできるのは情報の提示だけで善悪の判断はできないから

b．正誤に関わらずインターネット上のさまざまな情報をもとにしているから

c．インターネット上のさまざまな情報から推測して回答しているから

d．元にする情報の更新をどのタイミングでおこなっているかユーザーはわからないから

2 次の文章のうち、AI との関わりかたとして適切なものに○、適切でないものに×をつけましょう。

❶できるだけ正しい回答がほしいので個人情報や機密情報も AI に入力したほうがよい。

[　　　　]

❷ AI で生成したキャラクターは、たとえ既存のとあるキャラクターとそっくりだったとしても、自分が生成したものなのでこのキャラクターの著作権を侵害したことにはならない。

[　　　　]

❸ AI から有効な回答を得るための、指示のしかたを学んだ。 [　　　　]

❹ AI から得た回答が適切かどうか、ファクトチェックをした。 [　　　　]

❺レポートのテーマを決めきれないので、アイディアレベルのことを先生に相談するイメージで AI に相談し、何度かやりとりをして自分の方針を定め、テーマを決めた。

[　　　　]

まとめ

- **AI を効果的に活用するリテラシー**

  ・AI の特性を理解する

  ・最終判断は自分でおこなう

  ・適切な回答を得るスキルを習得する

- **AI の特性**

  ・回答できないケースがある／あいまいな回答しか得られないことがある

  ・回答としてまちがっているケースがある

  ・最新の情報が含まれない場合がある

  ・倫理的な判断ができない

- **適切な回答を得るスキルとは**

  ・有用な回答を生成するための指示を出す

  ・生成 AI の回答を評価し役立つかを判断する

  ・生成 AI にリーダーシップを置きかえることはできないことを理解する

  ・AI に判断させるのではなく、自分の考えを深めるためのサポートとして利用する

オススメの一冊

『プログラミング的思考』
小学教科書ワーク（株式会社文理、2018）

Q AI を効果的、安全に活用するためには？

A AI も道具。有効な回答を得るためには適切な指示が必要です。そして最終的な判断は自分でおこないましょう。

これ、バカな回答しか出てこないのはこっちの質問のしかたがバカだからってこと……？

そうなんだよね……。何を答えさせたいか、人間のほうもちゃんと考えて質問しないと望むような回答を得るのが難しいのが現状だよ。

おさらいワークの答え：**1** ❶c ❷b ❸d ❹a **2** ❶× ❷× ❸〇 ❹〇 ❺〇

Q いわゆるフェイクニュースにだまされないためには?

 そんな情報にまどわされるはずないじゃん。大丈夫大丈夫。

その思いこみが危ないんだよね……。

ヒント QUIZ

ページをめくる前に考えよう

SNSや動画サイトで、自分が心地よいと感じる情報が提案されてくることで、得る情報に偏りが生じてしまう現象を何というでしょう。　※答えは次のページ

A	ネットリテラシー
B	フィルターバブル
C	デジタル・シティズンシップ

A 「自分は大丈夫」と思わないのがコツ。

そもそもフェイクニュースって何を指すのかな。

いろんなものを指すので、この単元では「ニセ・誤情報」といいたいんだ。

教科書を 見 てみよう！

技術

安易な情報拡散が悪影響を生む可能性

おもに中学技術分野を参考に作成

SNS などは情報が拡散しやすいため、発信する前に情報が正しいか、その情報で傷つく人がいないかなど、考える必要があります。

もっとフカボリ ▷—➡

「フェイクニュース」の定義もいろいろ

この本では定義が曖昧なフェイクニュースという語を使わず「ニセ・誤情報」とよびます。

ニセ・誤情報とは

①ニセ情報…意図的／意識的につくられたうそ、虚偽情報
②誤情報…勘違い／誤解によって拡散したまちがった情報

悪意ある情報とは

情報自体は正しいが誰かを攻撃したり、何かを誤解させる狙いで共有された情報

どうしてだまされるのか

①人は信じたいことを信じる傾向がある
②インターネットのしくみの特性
③捏造技術の巧妙化

見たい情報

フィルターバブル

インターネット上の自分が見たい情報だけが通過する泡＝バブルの中にいるように、受け取る情報が偏る状態

エコーチェンバー

SNSなどで価値観が近い人々とだけ交流することで特定の意見がエコー＝こだまのようにくり返され自分たちの意見が社会全体の意見だと錯覚してしまうような状態

おかしい NO YES YES NO YES YES みんなYESなんだな YES YES 違う YES YES 反対

ヒント QUIZ の答え：B　フィルターバブル

※答えは次のページ

書いて身につく! おさらいワーク

1 どうしてだまされるのか、理由として考えられることを次にまとめました。[　]の文字をなぞりましょう。

（1）[認知バイアス]

人は信じたいことを信じる傾向がある

（2）[フィルターバブル]

インターネットの、本人が欲しがりそうな情報を分析し、同じような情報を表示するしくみによって接する情報が偏り、それが世界の標準だと誤解する現象

（3）[ディープフェイク]

・AI を用いた画像や動画の処理技術
・「ディープラーニング」（AI の学習技術のひとつ）と「フェイク」を合わせた造語
・リアルで精密な画像／動画が生成できるため悪用されるケースが多く、セキュリティ上の脅威になりつつある

（4）[共感]

に訴える要素がある

怒りや義憤など感情に訴える要素、誰かに教えたい要素があると、心が動いて拡散に手を貸しやすい

2 ニセ・誤情報にだまされるとどういうことが起こり得るか次にまとめました。原因と結果を結びつけましょう。

❶みんなが非難している特定の人物の悪口を再投稿して拡散

ア　自分の信用がなくなる

❷政治家の問題発言の動画に義憤を感じ拡散したが、ディープフェイクで捏造された動画だった

イ　裁判を起こされ、損害賠償責任を負う

❸「病院では教えないがんを治す方法」の情報を見つけて実行

ウ　自分の健康を損なう

79

まとめ

● 害のある情報に気をつけて！

① 意図的につくられたニセ情報

② 勘違い／誤解によって拡散した誤情報

③ 誰か（何か）を攻撃するための悪意ある情報

● 好ましい情報だけに取り囲まれていないか気をつける

自分が見ている画面は自分がつくったものです。それが社会全体の意見ではないことを忘れずに。また、害のある情報が含まれているかもしれないので扱いは慎重に。

● 「意見」と「事実」を見分けよう

情報の中に混ざった「意見」と「事実」を分けて扱いましょう。

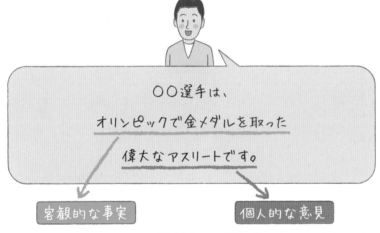

（総務省「ニセ・誤情報に騙されないために」（2023年））

メモ ▢

共感に訴える情報には「絶対に許せません！」「同じことをくり返さないで」「マスコミには流れない情報です」といった言いまわしが用いられることも。こういった投稿を目にしたときは信じて拡散する前にいったん立ち止まって考えてみましょう。

おすすめサイト

総務省「インターネットとの向き合い方～ニセ・誤情報に騙されないために～」

https://www.soumu.go.jp/use_the_internet_wisely/special/nisegojouhou/
この単元はおもにこのサイトを参考に問題を作成しました。

中高齢の親世代が動画サイトのおすすめを次々に見てフィルターバブル、エコーチェンバーの状態に陥り、陰謀論を信じて子どもの意見を聞かなくなるなどの事例が既にあるよ。

Q いわゆるフェイクニュースにだまされないためにできることは？

A ネットのしくみ、人間の心理、ニセ情報生成の巧妙化、だまされないのは難しいです。「だまされてるかも」の意識を忘れずに。

✏ おさらいワークの答え：**2** ❶イ ❷ア ❸ウ

大人の技術分野・情報の技術

Q デジタル社会、自分を被害者にも加害者にもしないためには?

 被害者にはなりたくないけど、加害者っていうのがわからないなあ。

不用意な情報の拡散が自分を加害者にすることがあるんだ。

ページをめくる前に考えよう
ヒント QUIZ

ネットを開いたら「おめでとうございます! あなたは今月のラッキービジターです。最新のスマートフォンをゲットできるチャンス!」っていうメッセージが。

※答えは次のページ

A そのままページを閉じる。

B せっかくラッキーなメッセージが出たのだからボタンを押してみる。大丈夫、危なそうだったらちゃんと閉じるから。

アクションを起こす前に深呼吸。

こんなメッセージが出たら
どきどきするよ！

心が動いたときほど
一旦落ち着いて！

教科書を 見 てみよう！

技術

現在の社会や生活を支える情報の技術

おもに中学技術分野を参考に作成

わたしたちの生活や社会は情報通信ネットワークや情報システムにも支えられています。しかしシステムの悪用による犯罪や、理解不足によって意図せず起こる迷惑行為なども増えています。技術を適切に利用するためには、技術の利点、弱点を理解することが大切です。

もっとフカボリ ▷━━➤

被害者になってしまうと

・情報商材や詐欺サイトへの誘導かも！
・不必要に自分の情報を相手に渡してしまうかも

被害者にならないためには

・その情報は誰の得になるか考える

加害者になってしまうと

・害のある情報を拡散させたことで信用を失う
・損害賠償責任を負うケースも
・情報の拡散が原因で人命が失われるケースも

加害者にならないためには

・真偽の不確かな情報を拡散しない

おめでとうございます！
あなたは今月のラッキービジターです

アンケートに答えるだけで
最新のスマートフォンをゲットできるチャンス

今すぐゲット

個人情報？

スマホと
引き換えに
なるくらいの
アンケートって
何？

得をするのは
送り主だけでは
？？

あとで
営業電話とか
すごい来るのかな？

答えても
抽選に外れたら…
そもそも
当選は出るの？

ヒント QUIZ の答え：Aの対処をとりましょう。

※答えは次のページ

書いて身につく！ おさらいワーク

1 デジタル社会で被害者にならないために気をつけるとき、「誰得？」をキーワードに次の行動は適切かどうか考え、適切と思うものには○、適切ではないと思うものには×をつけましょう。

（1） [   ]

銀行から個人情報の再設定をうながすメールが！　でもまずは銀行のホームページでお知らせを確認。

（2） [   ]

部屋の窓際で拾えるフリー Wi-Fi につないで通信料を節約！

（3） [   ]

スマートフォンで撮影した画像に位置情報を付加しないように設定する。

2 デジタル社会で加害者にならないために、特に SNS の使い方で気をつけたいことを次のようにまとめました。「だいじかな」をキーワードに気をつけるポイントをおさえましょう。

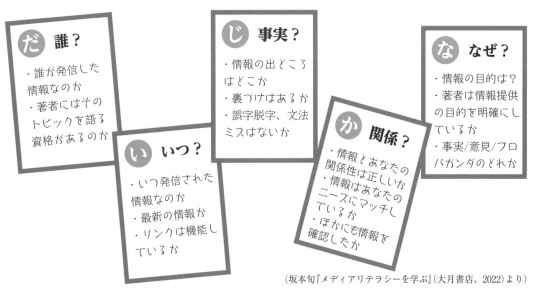

だ 誰？
・誰が発信した情報なのか
・著者にはそのトピックを語る資格があるのか

い いつ？
・いつ発信された情報なのか
・最新の情報か
・リンクは機能しているか

じ 事実？
・情報の出どころはどこか
・裏づけはあるか
・誤字脱字、文法ミスはないか

か 関係？
・情報とあなたの関係性は正しいか
・情報はあなたのニーズにマッチしているか
・ほかにも情報を確認したか

な なぜ？
・情報の目的は？
・著者は情報提供の目的を明確にしているか
・事実/意見/プロパガンダのどれか

（坂本旬『メディアリテラシーを学ぶ』（大月書店、2022）より）

まとめ

● デジタル社会で被害者にならないために

自分の行動が誰の得になるのか考えましょう。無料の占いアプリに記入した個人情報がもとでダイレクトメールが山ほど届くかもしれません。通販サイトから来た支払い情報の再設定をうながすメールが偽物で、メール内の URL から入力したクレジットカード情報が詐取されて犯罪に使われるかもしれません。

● 誤った情報を信じることで被害を受けることも

特定の病気や健康、食品安全などの分野はニセ・誤情報が入り乱れやすい分野です。SNS や Web 上の誤った情報を実践して健康被害を受けるケースも報告されています。

● デジタル社会で加害者にならないためにはまず「拡散させない」

77〜80ページでも見たように、ニセ・誤情報、悪意ある情報は見抜くのが難しく、また感情に訴えかけるものが多いものです。
①即座に拡散せず深呼吸
②ニセ・誤情報ではないか確認
③情報の拡散が誰かを傷つけないか確認

● 誹謗中傷の拡散は罪に問われる場合も

「みんなもやっている」と気軽にシェアした情報で被害を被った人から名誉棄損などで訴えられるケースもあります。拡散には慎重に。

おすすめサイト

はじめしゃちょークスリやってるらしいよ【マリマリマリー】

気軽な情報の拡散がどんな影響を生むか、若者に人気の You Tuber が作成した動画。
https://www.youtube.com/watch?v=McAwD7nbu-0

Q 被害者にも、加害者にもならないでデジタル社会をやっていくには？

A まずはいったん深呼吸しましょう。
被害者にならないためには「その情報は誰得？」の意識。
加害者にならないための合い言葉は「だいじかな」。

✏ おさらいワークの答え：**1** (1)○ (2)× スマートフォンの情報を抜くために設置された可能性があります。
(3)○

Q デジタル社会、子どもを被害者にも加害者にもしないためには？

親のクレカで子どもが課金！
みたいな事態を防ぎたい。

とはいえ禁止したり怖がったりと
いうのもちょっと違うし……。

ページをめくる前に考えよう
ヒント QUIZ

次のうち、個人情報（個人を特定できる情報）はどれでしょう。

※答えは次のページ

A	自宅の住所	E	兄弟姉妹の人数
B	メールアドレス	F	電話番号
C	生年月日	G	学校名
D	好きな音楽	H	顔写真

（坂本旬ほか『デジタル・シティズンシップ＋』（大月書店、2022年）より）

A ＞ 保護者と一緒に決めて学んでいこう。

これ、ポイントは「一緒に」ってところ？

そうそう、自信をもって積極的に使っていけるように一緒に学びたいよね。

教科書を見てみよう！

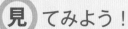
社会とつながるパワフルなツール　デジタルとのつきあい方

総務省　家庭で学ぶデジタル・シティズンシップ

子どもたちがネットで遭遇するさまざまな困りごとやジレンマ。大人の想像を超えた経験をしている子どもたちに大人はどう接したらよいのでしょう。その国際的な模索から生まれたのが「デジタル・シティズンシップ」です。「デジタル技術の利用を通じて社会に積極的に関与し、参加する能力のこと」を指します。

もっとフカボリ ▷──▶

子どもと約束すること①使う時間

動画の時間は○分、ゲームの時間は△分など1日のうちデジタルツールにふれる時間を相談して決める

子どもと約束すること②休む時間

動画を1本みたらちょっと休憩、など持続してデジタルツールを使い続けない約束をする

子どもと約束すること③個人情報

自分を特定できる情報が何かを覚える

子どもと約束すること④人のものを使わない

自分以外が写った画像、友だちがつくった動画は「人のもの」。勝手に使わないと約束する

本来は子どもの成長段階に応じて対応はいろいろ変わりますが、ここでは次の3つに分けて、「善きデジタル市民」を育てるために保護者に何ができるかざっくり見ていくよ。

✿子どもと約束すること
✿保護者としてやるべきこと
✿一緒に決めて一緒に守ること

 ヒントQUIZの答え：A　自宅の住所、B　メールアドレス、C　生年月日、F　電話番号、G　学校名、H　顔写真

書いて身につく! おさらいワーク

問題 善きデジタル市民になるために保護者としてやるべきこと、「ペアレントコントロール」についてまとめました。

（１） デジタルツールを使う約束を決める
　　　①自室に持ちこまない（リビングで使う）
　　　②１日の利用時間を守る　など

（２） 安全に使わせる　スマートフォン編

□アプリやゲームの対象年齢をチェック！子ども向けでないものは削除	□フィルタリングサービスをON、パスコードは保護者が管理	□Web ブラウザの閲覧履歴、キャッシュ、Cookie を削除	□メールアドレスは保護者が取得、管理

（３） 安全に使わせる　YouTube 編
　　　「設定」から「制限つきモード」をオン！

実は YouTube は13歳以下の単独利用が推奨されていない！ 13歳以下の場合は「YouTube Kids」の利用を。
YouTube Kids
https://www.youtubekids.com/

年齢に関わらず、子どもだけで YouTube を見る可能性がある場合は「制限つきモード」がおすすめ。

（４） 課金トラブルを防ぐために

□アプリ内課金は「許可しない」iPhone は「スクリーンタイム」から、Android は Google Play から	□端末のクレジットカード情報を削除	□Web ショップのアカウントからはサインアウト

メモ□

フィルタリングサービスは、iPhone は設定「スクリーンタイム」、Android はアプリ「Digital Wellbeing」がまずはおすすめです。

他教科リンク
実技
89ページ

まとめ

● 一緒に決めて一緒に守る①

デジタルツールにふれる時間を相談して決める

時間を決めるフォーマットの例

	何を？	いつ？	どれくらい？
平日の朝	テレビ	準備してから朝ごはんまで	20分
平日の夜	ゲーム	夕ごはん後からお風呂まで	30分
休日	YouTube	宿題のあとお昼まで	全部で60分

● 一緒に決めて一緒に守る②

食事の時間には使わない

● 一緒に決めて一緒に守る③

夜は家族全員、自室に持ちこまずリビングで充電！

● 一緒に決めて一緒に守る④

LINE やメール、SNS の投稿などは家族の中で練習してからデビュー

おすすめサイト

情報通信白書 for Kids

総務省作成の小学生向けサイト。デジタルツールや情報システムのしくみについて学べます。用語集も充実。「理解度診断テスト」には大人も挑戦したいです。

https://www.soumu.go.jp/hakusho-kids/

Q 子どもを善きデジタル市民に育てるには？

A 子どもと約束すること、ペアレントコントロール、一緒に決めて一緒に守ることを実践しながらデジタルツールを使っていきましょう。

おじいちゃんやおばあちゃん、よく遊ぶママ友などとも方針を共有しよう！

Q いわゆるデジタルネイティブと うまくつきあうためには?

AI
愛?
クラウド
食らう人?
ソース
?

でじたる?とか よく分からんし キッズどもが儂らに 全部教えてくれん?

反面教師として 優秀すぎる…

あのー、電話といえば一家に1台で壁から線でつながってた時代に生まれたのですが……。

そう……友だちの家に電話して親に取り次いでもらうの緊張したよね……。

ページをめくる前に考えよう

ヒント QUIZ

中学2年生（スマートフォン2年目、クレジット決済不可）が親に内緒でネット通販で買い物することはできるでしょうか。

※答えは次のページ

A	できる
B	できない

A　どの世代にとっても未経験の時代。世代で分けずにやっていこう。

 そうか、新技術、未経験っていう意味では大人もデジタルネイティブも同じか。

 そう、そして重要なのはネットやデバイスを上手に使えることだけじゃないと思うんだ。

教科書を 見 てみよう！

 デジタル・シティズン＝デジタル社会の善き市民を目指そう！

デジタル・シティズンシップとは？

総務省　家庭で学ぶデジタル・シティズンシップ

生まれたときからネットがあるのはあたりまえのデジタルネイティブ世代。彼らが直面する課題やジレンマの多くは大人にとっても未経験で、正解もひとつではありません。そうした課題やジレンマに向き合う国際的な模索から生まれたのが「デジタル・シティズンシップ」です。

もっとフカボリ ▷━━▶

デジタル・シティズンシップ（DC）とは
責任を持ってテクノロジーを使って創り、参加する能力
（坂本旬ほか『デジタル・シティズンシップ＋』より）

DC の 3 原則
安全、責任、他者への尊重

DC の 6 領域

・メディアバランス
・プライバシー、セキュリティ
・デジタル足あととアイデンティティ
・対人関係とコミュニケーション
・ネットいじめ、ネットトラブル
・ニュース、メディアリテラシー

デジタル・シティズンシップの 3 原則

安全　　責任　　他者への尊重

オンラインでも対面でも大切なことは同じ

ヒント QUIZ の答え：A　できます。コンビニでメッセージアプリの支払い機能に現金でチャージ。通販サイト上で決済し、商品の配達先を駅などの宅配ボックスに指定することで親の目をかいくぐって買い物をすることが可能です。

書いて身につく! おさらいワーク

 デジタル・シティズンシップのキーワードに「ひと休み」「立ち止まる」があるんだって?

 オンライン上では誰もがスピーディに動いてしまいがちだから、行動の前にちょっと立ち止まって考えるのが大事なんだ。

1 デジタル社会を生きるうえで意識したいことのひとつに「リアルでもオンラインでも必要なことは同じ」という視点があります。リアル社会では私生活と公共の場でのふるまいはきちんと分ける必要があります。オンラインの世界ではこの線引きがあいまいになりがちですが、私と公はきちんと意識することが大切です。

リアルにおける私/公

私	公

オンラインにおける私/公

私	公

2 オンラインの世界で自分の行動がどう影響するのかを、「責任のリング」というフレームを使って考えてみましょう。次の問題は、オンライン上でのさまざまな行動を示したものです。右の説明を参考に、これらの行動は誰に影響をあたえるのか考え、あてはまる範囲を塗りましょう。あてはまる範囲は1つとは限りません。

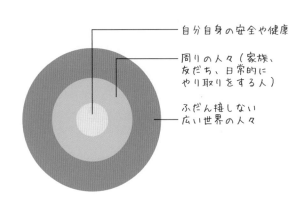

- 自分自身の安全や健康
- 周りの人々(家族、友だち、日常的にやり取りをする人)
- ふだん接しない広い世界の人々

❶自分の個人情報を投稿、共有する。

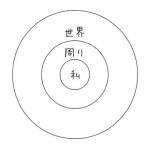

❷本人の許可なく友だちの情報を投稿、共有する。

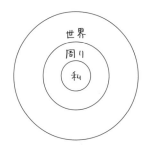

❸ほかの人の作品を許可なくコピー、共有する。

まとめ

●「怖いもの」から「責任を持って利用する」へ

●デジタルスキルの指標「DQ」

・デジタルインテリジェンス≒デジタルに関する知能指数
・国際シンクタンクや OECD が中心になって2018年発表
・デジタル社会に必要なスキルを 8 領域 3 レベルに整理

トピック1	スクリーンタイムの扱い
トピック2	プライバシーの扱い
トピック3	ネットいじめの扱い
トピック4	デジタル市民のアイデンティティ
トピック5	デジタルフットプリントの扱い
トピック6	サイバーセキュリティの扱い
トピック7	クリティカルシンキング
トピック8	デジタル共感力

おすすめサイト

家庭で学ぶデジタル・シティズンシップ（総務省）

総務省提供のオンライン教材。小学校低学年、小学校中・高学年、中学生・高校生の発達段階別に、保護者が気をつけたいポイントをまとめています。DC に関する知識を知るために大人にもおすすめです。

https://www.soumu.go.jp/use_the_internet_wisely/parent-teacher/digital_citizenship/

おすすめサイト

DQ World

8〜12歳の子どもたちに DC スキルを提供するためのムーブメント。言語を選んでアカウントを作成することで無料で DC スキルを学ぶことができます（サイト内課金あり）。

https://www.dqworld.net/

 これからのデジタル社会を生きるには？

A ネイティブもノン・ネイティブもみんなで善きデジタル市民を目指しましょう。

 リアルで積み重ねてきた経験や知識はデジタル社会でむだになるということではないしね。

 「ヒント QUIZ」の例のように、技術面ではデジタルネイティブの順応性は高いので、そこはじゃんじゃん教えてもらいたいよね。

おさらいワークの答え：**2** ①私 ②周り ③世界

Q 実践はしてるけど知識が足りない……大人にもイマドキの性教育が必要?

最近ちょっと……性器まわりが痛い気がする……。
でもどこに検査行ったらいいかわからないから、ほっておこう!

ページをめくる前に考えよう

ヒント QUIZ

2011年ごろから、20〜50代の男性と20代女性での患者が増えてきている性感染症とは、次のうちどれでしょう。

※答えは次のページ

ア	淋菌感染症
イ	性器クラミジア感染症
ウ	梅毒

A 自分とパートナーの身を守るために、気になることがあればレッツ受診！

もよりの保健所にて、無料・匿名で性感染症の相談、検査ができるよ！

匿名で検査できるんだ！ ぐんとハードル下がった気がする。

※保健所で陰性となっても、性感染症がゼロとは限りません。また、症状が続く場合は専門機関への受診をおすすめします。

教科書を見てみよう！

保健体育

性感染症とは

おもに中学保健体育を参考に作成

性感染症の中でも1967年以降減少していた梅毒は、2011年ごろから再び急増し始めました。特に20代の女性に多く見られ、厚生労働省では予防対策のリーフレットを発行するなどして注意を呼びかけています。

HIV感染症のいま

おもに中学保健体育を参考に作成

HIV感染症は長年治療の難しい性感染症とされてきましたが、最近では優れた抗HIV薬によりエイズの発症がおさえられ、長期間にわたり健康な人と変わらずに暮らせるようになりました。しかし、世界的な減少傾向に比べて日本の感染者数は横ばいの状況が続いており、また、HIV感染症の患者に対する偏見や差別も消えてはいない現状があります。

おもな性感染症の種類と症状

病名	潜伏期間	症状・特徴
性器クラミジア感染症	1〜3週	女性…おりもの、不正出血 男性…排尿時の痛み、かゆみ
淋菌感染症	2〜9日	女性…おりもの、不正出血 男性…排尿時の痛み、膿
性器ヘルペス	2〜10日	無症状、性器やその周辺の痛み、水ぶくれ
梅毒	3〜4週	性器や足の付け根にしこり、ただれ。約3か月後から全身に赤い斑点

※ほかに尖圭コンジローマ、性器カンジタ、トリコモナスなど

「エイズ」とは、HIVによって引き起こされる病気をまとめて表したものだよ。HIV＝エイズではないんだ。

つまり、こういうこと

性感染症は性的接触によって感染する病気

数ある感染症の中でも「性行為で感染する病気」の総称。腟性交に限らず、口腔性交（オーラルセックス）や肛門性交（アナルセックス）でも感染の恐れがあります。また、たった1回の性的接触であっても感染の可能性はあります。

やぁー

ヒィ〜〜来ないでー

  ヒントQUIZの答え：ウ　梅毒

正しい大人の性知識・習慣を身につけよう!

コンドーム、正しく使えていますか

性感染症予防に欠かせないコンドーム。その使い方や保管方法について、おさらいしましょう。

保管方法
・使用期限を確認する
・サイズに合っているものを選ぶ
・ハードケースで保管

挿入前
・装着は挿入前がキホン
直前よ!
・裏表をまちがえたら捨てる

射精後
射精したらすぐ抜いて
口をしばって捨てる

コンドームの素材のラテックスアレルギーにも注意して!

セックス（性的同意）について自由に YES・NO を言いあえる関係を

日本では昔から「嫌よ嫌よも好きのうち」という言葉があり、パートナーからの誘いを嫌がっても、真面目に受けとられづらい風潮があります。本当に嫌なときに NO を言っても、受け入れてもらえる関係をパートナーと築けるといいですね。

男性も HPV ワクチンを接種しよう

女性の子宮頸がん予防となる HPV ワクチン。実は男性の性感染症（尖圭コンジローマ）や、咽頭がん・肛門がんの予防、将来のパートナーへの HPV 感染を防ぐ効果もあります。日本ではまだ自費での接種が主流ですが、お住まいの自治体の情報をチェックしてみては。

注射コワイ…けど
HPV ワクチン

性感染症の検査はパートナーと受けよう

下の図は、1 組のパートナーに関わる「性的接触のつながり」を表しています。互いが過去に別の人とセックスした経験があれば、二人につながっている人は相当な数に。その中にもし性感染症にかかっている人がいたら……？

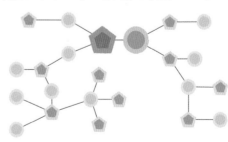

まとめ

● **セルフケアを心がけよう**

性感染症の疑いがあれば、早期発見・早期受診が基本ですが、その前にできる対策として、「日ごろから自分の体の変化に気をつける、よく観察する」ことがあります。

● **保健所では無料、匿名で HIV 検査を受けられる**

パートナーとともに受診するのがよいですが、早期対応のためにも、気になったら検査を受けましょう。性感染症はほっておくと、がんなどの重大な病気につながることがあります。

★ HIV 検査・相談マップ
全国の保健所の相談窓口情報を検索することができます。

https://www.hivkensa.com/

● **セックスはコミュニケーションのひとつの手段**

セックスするときは互いに同意を取りあえるのが理想ですね。最近は、性をテーマにしたマンガやドラマも昔より増えてきています。そういった作品をきっかけに、気軽に話すことから始めてみては。

おすすめサイト

これって性感染症？
（厚生労働省）

症状や写真がわかりやすく掲載されています。

https://www.hivkensa.com/sti/

Q 実践はしてるけど知識が足りない……
大人にもイマドキの性教育が必要？

A 正しい知識を得て、気になることがあれば早期受診・対応を心がけましょう。あなたの行動が自分とパートナーの身を守ることにつながります。

早期受診はもちろん大事だけど、予防対策も学ぶ必要あり。一歩先行く大人のセックスライフを目指そう！

近ごろの
社会のこと

Q エキナカの案内、わかりやすくなった気がするのはなぜ?

昔は文字が書かれた看板だった気がする……。

ページをめくる前に考えよう
ヒント QUIZ

駅にはさまざまな設備があります。車いすに乗った人にとって使いやすい設備はどれでしょう。

※答えは次のページ

A 鏡がついたエレベーター

B 波形になった手すり

C ホームの点字ブロック

A いろんな人にわかりやすく伝えるための工夫がされているから。

伝えたいことがひとめでわかるね。

このようなマークをピクトグラムというよ。

教科書を見てみよう！

ピクトグラムとは

おもに中学美術を参考に作成

美術

伝えたい内容を図で示したものをピクトグラムといいます。言語の制約を受けないので子どもや日本語がわからない海外の人にも情報を伝えやすい利点があります。

多文化共生の中で

おもに中学社会公民を参考に作成

社会公民

考え方や価値観の異なる人々が同じ社会で生活していくことを、多文化共生といいます。製品やサービスにも、言語や性別、障害の有無などに関わらず、誰もが利用しやすいように工夫したユニバーサルデザインの考えが広がっています。

もっとフカボリ ▷ ➡

ユニバーサルデザインとは、さまざまな立場の人が暮らしやすいように工夫されたデザインや考え方

「ユニバーサル」とは「普遍的な」「すべてに共通の」という意味。年齢や性別、言語や身体的能力の違いに関わらず、誰もが暮らしやすい多文化共生を実現するため、さまざまな場所にユニバーサルデザインが取り入れられるようになってきています。

シャンプーとコンディショナーをさわって判断することができるように、ボトルに凹凸がついているよ。

書いて身につく! おさらいワーク

問題　次の写真を見て、あとの問いに答えましょう。

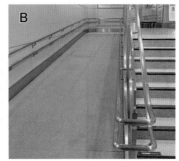

（1）　A〜Cは、おもにどのような人の使いやすさを考えた設備ですか。ア〜ウから1つ選んで答えましょう。

A［　　　　　　　　］

B［　　　　　　　　］

C［　　　　　　　　］

| ア　車いすに乗っている人 |
| イ　目が不自由な人 |
| ウ　日本語が読めない人 |

（2）　次の❶❷のような人にとって使いやすい設備は、A〜Cのうちのどれですか。1つ選んで答えましょう。

❶［　　　　　　　　］　　　　❷［　　　　　　　　］

（3）　A〜Cのように、誰もが利用しやすいように工夫したデザインのことを何といいますか。

［　　　　　　　　　　　　　　　　　　　　］

まとめ

● 多文化共生

考え方や価値観の異なる人々が同じ社会で生活していくこと。近年はさまざまな考え方や価値観、多様性を重視する考え方が広がっています。

● ユニバーサルデザイン

誰もが利用しやすいように工夫したデザインのこと。たとえば駅の構内では次のような例があります。

←ピクトグラムによる表示
↓スロープつきの階段

● ピクトグラム

情報を文字ではなく図で表したもの。多くの人にひとめで伝わるように、色や形を工夫しています。

忘れ物取扱所　　　非常口　　　一般注意　　　列車の非常
　　　　　　　　　　　　　　　　　　　　　　停止ボタン

メモ ▢

情報通信技術や交通網が発展したことで、人やもの、情報が国境を越えて行きかうことをグローバル化といいます。

メモ ▢

近年、防災の観点でもユニバーサルデザインが注目されており、2021年に示された避難情報に関するガイドラインにも取り入れられています。

警戒レベル	避難情報等
5	緊急安全確保 （必ず発令されるとは限らない）
警戒レベル4までに必ず避難！	
4	避難指示 （市町村）
3	高齢者等避難 （市町村）
2	大雨・洪水・高潮注意報 （気象庁）
1	早期注意情報 （気象庁）

・警戒レベルを文字だけでなく数字で表す
・さまざまな色覚の人がわかりやすいように配色を決めている

Ⓠ エキナカの案内、わかりやすくなった気がするのはなぜ？

🚩A **誰もが利用しやすいよう、デザインが工夫されるようになったからです。**

おさらいワークの答え：**1** (1)A：イ　B：ア　C：ウ　(2)❶C　❷B　(3)ユニバーサルデザイン

大人の保健分野・性との向き合い方

Q 「恋愛の対象が同性」という 友人にかける言葉は？

正直いうとビックリ……。でも友だちであることには変わりないし、
傷つけるような言動はしたくない！　どうすればよい？

ページをめくる前に考えよう

ヒント QUIZ

LGBTQ＋とは、さまざまな性的マイノリ
ティの人々を総称する言葉です。「Q＋」と
は、どういう意味でしょう。右のスペース
に書きこんでみましょう。※答えは次のページ

103

A まずは打ち明けてくれたことへの感謝を示し、カムアウトされた意味を考えよう。

それだけでいいのかな？
安心させるようなことを言って
あげたいよ！

「何かうまいことを言わなきゃ！」っていう
気持ち自体、どこから生まれてくるんだと
思う？ この際じっくり考えてみよう。

教科書を見てみよう！

LGBTQ＋とは

おもに中学保健体育を参考に作成

「LGBTQ＋」は右の図のように、性的マイノリティとされている人の性のあり方をカテゴリに分けた言葉です。最近は「SOGIE（ソジー）」といってすべての人にあてはまる言葉も使われ始めています。

L	レズビアン	女性同性愛者
G	ゲイ	おもに男性同性愛者
B	バイセクシュアル	両性愛者
T	トランスジェンダー	生まれたときの性別と自らが思う性が異なる人
Q	クイア	既存の性にカテゴライズされない人
Q	クエスチョニング	自分の性のあり方が定まっていない、または定めていない人
＋	プラス	上記のいずれにもあてはまらない人（パンセクシュアル、Aセクシュアルなど）。

もっとフカボリ ▷─➡

「マイクロアグレッション」とは

マイノリティに対する思いこみや偏見により、相手を傷つけたり排除したりする言動のことをいいます。もしも、友だちから「自分は同性愛者である」というカムアウトを受けたとき、「同性愛って今どきおかしなことじゃないし、わたしだって理解あるってところを見せなきゃ！」と思ったら、それは「自分は『ふつう』だけど、相手は『ふつう』ではない。自分とは違う」という気持ちから生まれていませんか？

 ヒントQUIZの答え：「Q」…「Queer（性的マイノリティすべてを包括する言葉）」と「Questioning（自分の性のあり方が定まっていない人）」の2つの意味があります。また「＋」はパンセクシュアルやAセクシュアルなど、「LGBT」以外のさまざまな性のあり方を示しています。

※答えは次のページ

書いて身につく！ おさらいワーク

1　自分の性のあり方について、改めて考えてみましょう。下の表は、自分のSOGIEをグラデーションで示せるようにしたものです。

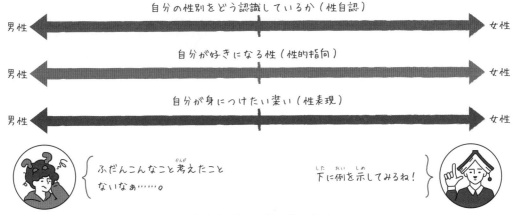

ふだんこんなこと考えたことないなぁ……。

下に例を示してみるね！

たとえば、こういうこと！

わたしは自分のことを女性だと思っているよ。恋愛対象は男性だよ。ジェンダーレスな装いが好きだな。

わたしは自分のことを男性だと思っているよ。恋愛対象は男性だよ。フェミニンな装いが好きだな。

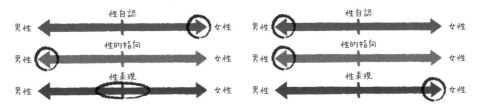

※この表はあなたのプライベートな内容を示します。記入する場合は扱いに気をつけましょう。

2　マイクロアグレッションについて知りましょう。
おもな言動の例として、こんなものがあります。
（同性愛をカムアウトした相手に対し）

わたし、ゲイの友だちいるから偏見はないよ！

[　　　　　　　　　　　]

何が問題だと思いますか。

まとめ

● 誰もがグラデーションの中に存在している

105ページのようなグラデーションの中に、自らの性自認や性的指向、性表現（装いや口調、仕草など）をあてはめる考え方が、今注目されています。この考え方だと、今を生きるすべての人にあてはめることができます。

メモ □

アウティング
当事者の同意をとらずに、その人の性自認や性的指向を第三者に暴露する行為のこと。それにより自殺した人もいるなど、近年問題になっています。

オススメの一冊

パレットーク、マンガ・ケイカ『マンガでわかる LGBTQ＋』
（講談社、2021）

● もしもカムアウトされたら？

現在 YouTube では、性的マイノリティの人々による「カムアウトしたとき、こんなリアクションだとうれしい」という動画が数多く公開されています。学びのきっかけにしてみては。

● マイクロアグレッションはあらゆるところにひそむ

もしやマイクロアグレッションって、ジェンダーやセクシュアリティに関することにとどまらないのでは？

社会的マイノリティの人たちを知らず知らずのうちに傷つけていないか、この単元を読んで考えてみてもらえるとうれしいな。

Q 「恋愛の対象が同性」という友人にかける言葉は？

A まずは打ち明けてくれたことへの感謝を示しましょう。そしてカムアウトされた意味を考えてみましょう。知識をアップデートすると、まわりの風景も変わって見えますよ！

自分が偏見をもってたなんて……って落ちこみすぎるのもよくないです。本来大なり小なり誰しももっているもの。気づいたら反省して、次にやらかさないようにするのが「いい感じの大人」への近道！

おさらいワークの答え：**2** 例1　自身が気づかないうちに抱いているかもしれない偏見や差別意識に、誠実に向き合う気がない、というメッセージを送っていること。
例2　性のあり方は人それぞれなのに、「ゲイ」でひとくくりにしていること。

Q スマート農業って何のこと？

「スマート」ってことは、

「かっこいい農業」ってこと……？

ページをめくる前に考えよう

ヒント QUIZ

日本の農業の未来を変えていくといわれるスマート農業。次のうち、実際にあるものはどれでしょう。

※答えは次のページ

ア レストランに併設されている植物工場

イ 作物に合わせて天候を操れる人工衛星

ウ 無人自動運転で田畑を耕すトラクター

A ＩＣＴ（情報通信技術）やロボット技術を活用する、新たな農業のカタチだよ。

そういえば、近所のおじいちゃん、後継ぎがいないから、農家をやめちゃうんだって！

日本の第一次産業の人手不足は深刻だから、最新技術の導入による解決が期待されているんだよ。

教科書を 見 てみよう！

技術

これからの生物育成の技術

おもに中学技術分野を参考に作成

これまでの農業をはじめとする第一次産業は、特別な技術の習得が必要だったり、長時間労働しなければならなかったりと、厳しいイメージがありました。その結果なかなか後継者が育たずに高齢化や慢性的な人手不足などの問題を抱えていました。

スマート農業は、ロボットやICT、AIを活用して新規就農しやすい環境や環境負荷の低減、さらには品質の向上も実現できる新しい技術として、近年注目されています。

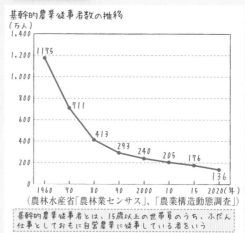

基幹的農業従事者数の推移
（万人）

1175
711
413
293
240
205
176
136

（1960 70 80 90 2000 10 15 2020（年）
（農林水産省「農林業センサス」、「農業構造動態調査」）

基幹的農業従事者とは、15歳以上の世帯員のうち、ふだん仕事としておもに自営農業に従事している者をいう

つまり、こういうこと

「農」の課題を最新技術で解決！

現状…第一次産業の衰退、耕作地の放棄の増大（高齢化、離農）
→スマート農業（ロボット・IoT・AI）、人工衛星などの先端技術の活用
→新規就農しやすい環境や作物の品質の安定を実現、環境負荷の低減にもつながる！

ヒントQUIZの答え：ア　レストランに併設されている植物工場、ウ　無人自動運転で田畑を耕すトラクター

※答えは次のページ

書いて身につく! おさらいワーク

1 日本の農業が現在抱える問題を3つのケースに示してみました。あなたならどのような解決策を考えますか(複数選択可)。

ケース❶
先祖代々守ってきた畑。でももうわたしも75歳。後継ぎもおらず、ひとりで耕すのは限界だ…。

| 高齢化 | 担い手不足 |

ケース❷
お父さんが遺してくれた土地をもとに農業を始めてみたけれど…… 元デスクワーカーで経験がほぼないっ!

| 経験・技術不足 |

ケース❸
効率のよい生産スケジュールや温度管理をすることで、今まで輸入に頼っていたマンゴーなどをつくりたい!

| 新たなビジネス チャンス |

①無人自動運転のトラクターで広大な農地を耕す

②ベテラン農家のノウハウをデータ化して誰でも作業可能にする

③タブレットを使って農地の温度や育成状況を、作業者どうしで共有・連携する

④AIによる画像解析で病害虫を発見、駆除する

⑤ドローン見守りで散布する農薬や肥料の適正量を判断

⑥労務管理システムを導入し、農地ごとの作業内容を見える化する

2 スマート農業にもデメリットは存在します。次の項目で考えられるデメリットを書いてみましょう。

❶コスト面   ❷通信面   ❸人材面

[   ] [   ] [   ]

まとめ

●スマート農業が注目される背景

現在、日本が官民で連携してスマート農業に取り組む背景には、農業従事者の高齢化と後継者不足のほかに、国内の食料自給率の低下もあります。2022年現在、食料自給率は38％（カロリーベース）と、先進国の中で最低の水準となっており、外国の天候不順や紛争などの事情で食糧の供給が不安定になることも考えられます。

もしスマート農業で国内の耕作可能な土地を有効活用することができれば、自給率も上がっていくことでしょう。

●スマート農業は「魔法の杖」にあらず

最先端の機器を導入するのにはやはりコストがかかり、小規模経営の農業従事者には負担が大きいのでは、という問題があります。また、先端技術を扱える人はまだまだ不足しているので、その点の課題解決も政府には早急に求められています。

そして、農業の課題は「スマート農業」という技術だけで決して解決するわけではありません。人々が植物や気象、経済などの知識を総動員して、はじめて効果が得られるのです。

> メモ □
>
> 植物工場はあらゆるところに
>
> レタスなどの葉物野菜を栽培する植物工場は、今やすべての都道府県にあります（2015年調査）。中には、元工場の建物を利用したり、鉄道の高架下やテーマパーク内に併設されていたりすることも！

> メモ □
>
> 農業お助けアプリ
>
> コスト面でまだ課題のあるスマート農業ですが、最近ではさまざまな営農支援ツールもあります。中には導入費用がかなりおさえられるものも。

Q スマート農業って何のこと？

A ICT（情報通信技術）やロボット技術を活用する、新たな農業のカタチ。経験が浅い人でも、力持ちじゃなくても、農業に携われる未来はすぐそこにあります！

> 今回紹介した以外にも、労力の大きい酪農の仕事を省力化する技術や、田んぼの水の自動管理システムなど、さまざまな取り組みが進んでるよ。農業のビッグバンはもう始まっている！

おさらいワークの答え：**1**　（例）ケース**1**…①・②・⑤、ケース**2**…②・④、ケース**3**…③・⑥

2　**1**の例　新しい機器や技術の導入にお金がかかる。／**2**の例　山間部だと情報通信に不具合が生じやすい。／**3**の例　先進技術を扱える人材が不足している。

Q 「再生可能エネルギー」は どんなエネルギー？

電気っていくら使ってもまた再生するんだよね？
「再生可能エネルギー」ってそういうことだよね？

ページをめくる前に考えよう
ヒント QUIZ

再生可能エネルギーによる発電は、次のうちどれでしょう。

※答えは次のページ

A	火力発電
B	水力発電
C	原子力発電

A 自然界に存在して、利用しても比較的短い期間で再生するエネルギーのこと。

再生可能なのは電気ではなく、発電に使うエネルギー資源のことなのか。

太陽光、風力、水力、地熱、太陽熱、その他の自然界に存在する熱、バイオマスの7種類だよ。

教科書を 見 てみよう！

技術

エネルギー変換

おもに中学技術分野を参考に作成

照明や暖房、自動車などの機器は、エネルギー資源から得たエネルギーを利用して動いています。エネルギーの形を、使い方に応じて変えることをエネルギー変換といいます。

エネルギー資源

おもに中学技術分野を参考に作成

石油や石炭、天然ガスなどの化石エネルギー、太陽光や風力、地熱など自然界に常に存在する自然エネルギーのことです。

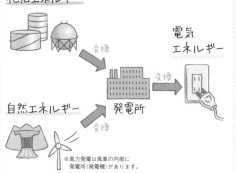

化石エネルギー
自然エネルギー
発電所
電気エネルギー
変換
※風力発電は風車の内部に発電所（発電機）があります。

つまり、こういうこと

再生可能エネルギー

太陽光、風力、水力、地熱、太陽熱、その他の自然界に存在する熱、バイオマスを指します。
電気、熱、燃料などに利用します。
再生可能エネルギーから変換した電気などは有限です。

ヒントQUIZの答え：B 水力発電

書いて身につく! おさらいワーク

問題 次の表はおもな発電方法をまとめたものです。[　　]にあてはまる語を書きましょう。

発電方法	利用する エネルギー資源	プラス面	マイナス面
火力発電	石油・石炭・天然ガスなど	安定して発電できる。 発電量が調整しやすい。	温室効果ガスの排出量が多い。 燃料価格の変動影響が大きい。 燃料が有限である。
原子力発電	ウランなど	安定して発電できる。 発電による温室効果ガスを排出しない。	事故が発生したときの影響が大きい。 使用済み核燃料の処分が難しい。
❶[　　　　　] 発電	水の流れ落ちるエネルギー	安定して発電できる。 温室効果ガスを排出しない。	ダムは自然環境を破壊する。 これから大規模なものは増やせない。
❷[　　　　　] 発電	太陽光	資源にコストがかからない。 温室効果ガスを排出しない。	夜間は発電できない。 日中も天候に発電量が左右される。 日射量が少ない場所には向いていない。
❸[　　　　　] 発電	地熱で発生する水蒸気	資源にコストがかからない。 発電による温室効果ガスを排出しない。	発電できる場所が少ない。 環境破壊のおそれが高い。
❹[　　　　　] 発電	風の力	資源にコストがかからない。 温室効果ガスを排出しない。	発電量が安定しない。 騒音の問題が発生することも。
バイオマス発電	動植物から生まれたバイオマス（木材や生ごみなど）	資源にコストがかからない。 温室効果ガスを排出しない。	安定した燃料調達が難しい。 燃料の収集や運搬などに費用がかかる。

まとめ

● 再生可能エネルギー

利用しても比較的短い期間で再生する自然エネルギーなどのこと。太陽光、風力、水力、地熱、太陽熱、その他の自然界に存在する熱、バイオマスの7種類が定められており、電気、熱、燃料などに利用します。

● エネルギーミックス

さまざまな発電方法を効率的に組み合わせて、世の中に必要な電気を共有すること。「おさらいワーク」で見たように発電方法にはそれぞれ長所と短所があり、特徴を生かして活用していこうとするもの。日本は2030年度に再生可能エネルギーによる発電の割合を36～38%にする目標を立てています。

> **メモ**
>
> その他の自然界に存在する熱①
> 「雪氷熱利用」
> 雪や、冬の冷たい空気によって凍らせた氷を用いて、ビルの冷房や、農作物の冷蔵などに利用する取り組みです。

> **メモ**
>
> その他の自然界に存在する熱②
> 「温度差熱利用」
> 地下水や川の水などの温度は季節による変動が小さく、夏は大気より低く冬は大気より高いです。この水温と大気の温度差を効率的に利用する取り組みです。

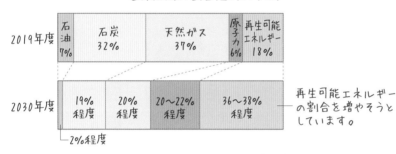

電源構成の割合推移の予測

	石油	石炭	天然ガス	原子力	再生可能エネルギー
2019年度	7%	32%	37%	6%	18%
2030年度	2%程度	19%程度	20%程度	20～22%程度	36～38%程度

再生可能エネルギーの割合を増やそうとしています。

※四捨五入の都合などで100%にならないことがある。

(2021年度版「日本のエネルギー」)

Q 再生可能エネルギーはエネルギーを再利用するから、今後エネルギー不足の心配はないよね？

A 再生可能エネルギーは自然界にあって回復しやすいエネルギーですが、再生可能エネルギーから変換した電気などを無限に使えるわけではありません。

> 節電を心がけよう！

 おさらいワークの答え：❶水力　❷太陽光　❸地熱　❹風力

Q 自然災害、自分でできる防災対策は?

どうしたら、今の幸せを守れるのかな・・・?

緊急地震速報!
すぐに震度4程度の地震がきます!

グラッ・・

フーッ

災害は突然起こる。

災害はいつどこで起こるかわからないから、不安がいっぱい!
自分の身は自分で守らなければ、って思うけど何を準備すればいい?

ページをめくる前に考えよう
ヒント QUIZ

エレベーターの中にいるときに地震が発生!
さぁ、どうすればよいでしょう。

※答えは次のページ

A じっとして助けが来るのを待つ

B すべての階のボタンを押す

A 日ごろから、災害に備えて準備しておこう！

災害が起こったら、消防や警察が助けに来てくれるんじゃないの？

大きな災害ではすぐに助けが来るとは限らないよ。だから、自分でできる対策をしておくことが大切なんだよ。

教科書を 見 てみよう！

保健体育

共に生きる（地域のきずな）

おもに中学保健体育を参考に作成

いつ、どこで襲いかかるかわからない自然災害。被害を少なくするためには、自助、共助、公助の3つが大切です。防災に対する正しい知識や方法を身につけ、地域とのきずなを深め、災害に備えておくことが大切です。

もっとフカボリ ▷━━➡

ハザードマップの確認

住んでいる場所にどんな災害が起こる可能性があるか、自治体のハザードマップで確かめ、できることを考えましょう。

「公助」が来るまで生き延びる！

「自助」と「共助」を駆使して、「公助」が来るまで自分たちの安全を確保しましょう。

事前にできる「自助」の例

・家の中の安全対策をする
・非常持ち出し袋を用意する

事前にできる「共助」の例

・地域の防災訓練に参加する
・安全な親戚や知人の家に避難することを相談しておく

ヒントQUIZの答え：B　すべての階のボタンを押す

書いて身につく! おさらいワーク

問題 防災対策のひとつである「自宅に避難する（屋内安全確保）」方法についてまとめました。

（1） ハザードマップで自宅が次の3つの条件にあてはまるか確認する。

①家屋倒壊等氾濫想定区域に入っていない

②浸水深より居室は高い

③水がひくまで我慢でき、水・食料などの備えが十分

（2） 自宅が3つの条件にあてはまる場合、自宅で安全を確保する。

※ただし、土砂災害の危険がある区域では立ち退き避難が原則

□玄関を整理する

□照明に落下防止ワイヤーを取りつける

□停電時に点灯する非常用照明を取りつける

□台風などの際はあらかじめカーテンを閉めておく

□テレビは耐震マットやベルトで転倒防止対策

□冷蔵庫はマットやストッパーなどで転倒防止対策

□扉つき食器棚を選び、開閉防止器具を取りつける

□小型家電はできるだけ頭より低い位置に設置

□本棚はしっかりと壁や天井に固定

□扉つき本棚の扉には開閉防止器具を取りつける

□ベッドはできるだけ窓や高い家具から離して設置

（3） 災害発生からライフラインが復旧するまでに約3日～1週間かかるケースが多いようです。
次の式に家族の人数をあてはめて、1週間分の備蓄の量を計算してみましょう。

①水　ひとり1日3リットル×[　　　　　]人×7日=[　　　　　]リットル

②食品　ひとり1日3食×[　　　　　]人×7日=[　　　　　]食分の主食と主菜

③カセットボンベ　ひとり1週間6本×[　　　　　]人=[　　　　　]本

④携帯トイレ　ひとり1日5回×[　　　　　]人×7日=[　　　　　]回分

まとめ

他教科リンク
社会
133ページ

●日本は自然災害大国です！

日本では、地震・津波・大雨・洪水・土石流・高潮・噴火・火砕流・干害・冷害・雪害など、多くの災害が発生する可能性があります。「自助」「共助」「公助」で災害に備えましょう。

●自助…自分の身は自分で守る

・家の中の安全対策をする
・非常持ち出し袋を用意する
・自宅で「屋内安全確保」することを想定する
・学校、職場周辺で被災した場合を想定する
・外出先、旅行先の防災情報のチェックも忘れずに

●共助…地域で助け合う

・地域の防災訓練に参加する
・安全な親戚や知人の家に避難することを相談しておく

●公助…国や地方公共団体からの支援

・地域、自治体の避難所の場所を確認し、平常時に移動訓練をしてみる

●非常食にはローリングストック法

いざというとき非常食の消費期限が切れていた、とならないようにふだん食べているインスタント食品や飲料、缶詰などを少し多めに買い置きします。消費期限が古いものから消費し、食べたらその分を補充していきます。これなら食べ慣れたものをフレッシュに備蓄できます。

メモ

災害時は電話やインターネットがつながりにくい状況が数日続くことがあります。災害用伝言ダイヤルのしくみを家族や友だちの間で確認しておきましょう。

https://www.ntt-east.co.jp/saigai/voice171/

オススメの一冊

アベナオミ『被災ママに学ぶちいさな防災のアイディア40』
(Gakken、2017)

Rolling Stock

Q 自然災害、自分でできる防災対策は？

A **国や自治体による救助「公助」が来るまで自分の身は自分で守るために、日ごろから災害に備えましょう。そのためには「自助」と「共助」が大切です。**

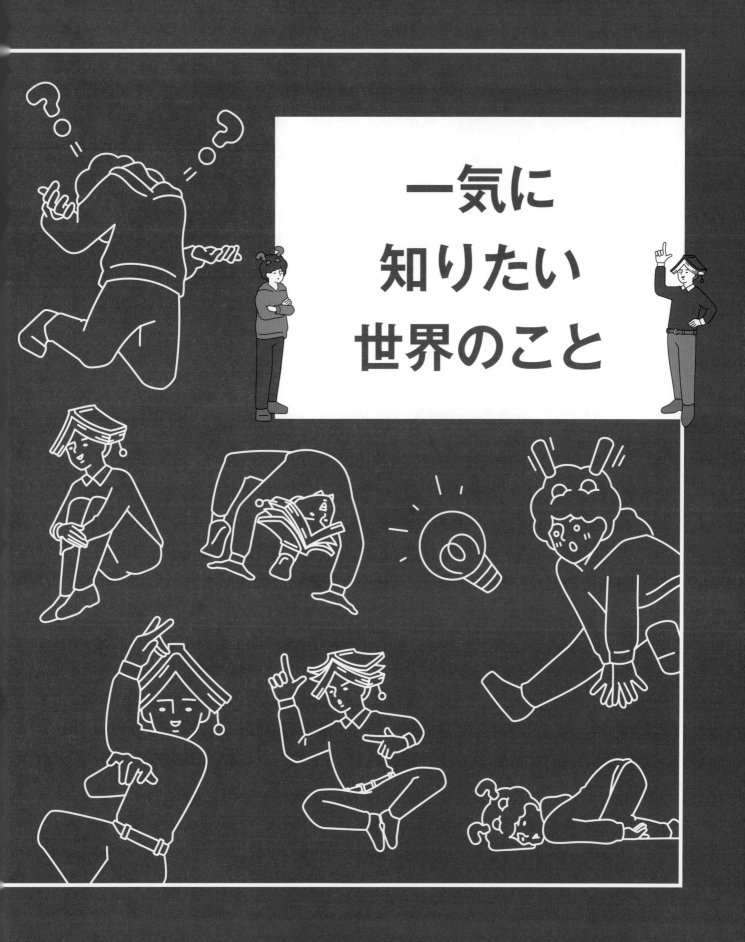

一気に
知りたい
世界のこと

大人の美術分野・美術史

Q 日本文化はどんなふうに海外に受け入れられてきたの？

日本の文化って海外でも
ウケがいいよね。

ページをめくる前に考えよう
ヒント QUIZ

日本の文化が世界に広まるきっかけとなった開国は、いつのできごとでしょう。

※答えは次のページ

A	20世紀後半
B	19世紀後半
C	18世紀後半

A ＞ 19世紀後半の開国をきっかけに、ジャポニズムという一大ブームに。

それまでの日本って鎖国をしていたんだよね？

そうだよ。開国で日本の文化が広く海外に知られたんだ。

教科書を 見 てみよう！

社会 **歴史**

鎖国から開国へ

おもに中学社会歴史を参考に作成

江戸幕府は外国との交流を限定的におこなう鎖国体制をとっていたため、特にヨーロッパへの日本文化の影響は限定的でした。19世紀後半のアメリカのペリー来航をきっかけに、外国との貿易を認める条約を結び、約250年間続けていた鎖国を解きました。開国後はさかんに貿易をおこない、日本の商品が諸外国に伝わりました。

ジャポニズム

美術

おもに中学美術を参考に作成

19世紀後半、日本の開国をきっかけに、新しい表現方法を探していたヨーロッパの芸術家が日本の美術に注目し、日本ブームが起きました。

もっとフカボリ ▷━━➡

19世紀後半、ヨーロッパの日本ブームは「日本趣味」として広まり「ジャポニズム」に発展しました。また、これまでヨーロッパの芸術では題材にされにくかった植物や虫などに着目する視点はアール・ヌーヴォーの作家にも影響を与えました。パリの地下鉄アベス駅の地上入り口には、植物などをモチーフにした当時のデザインが現存しています。

書いて身につく! おさらいワーク

1 次のア～エは、日本の鎖国から開国までのできごとをまとめたものです。時代の古い順にならべかえましょう。

[　　　　　]→[　　　　　]→[　　　　　]→[　　　　　]

ア　アメリカ合衆国の使節であるペリーが来日する。
イ　江戸幕府が諸外国との貿易を認める条約を結ぶ。
ウ　江戸幕府が、外国との交流を限定的におこなう鎖国体制を固める。
エ　開国し、日本の芸術が多くの外国に伝わる。

2 日本の美術がヨーロッパに影響をあたえた過程をまとめました。[　　]の語をなぞりましょう。

❶19世紀後半、[　浮世絵　]など日本の美術が注目される。
❷新しい表現方法を探していた[　印象派　]の画家たちが浮世絵の模写などをおこなう。
❸庭に日本風の橋をかけたり、日本的なモチーフを絵画にかきこむ日本趣味が広まる。
❹浮世絵の構図や色彩、題材に影響された[　ジャポニズム　]に発展する。
❺植物・昆虫も題材にする日本芸術の視点は[　アール・ヌーヴォー　]にも影響をあたえる。

3 ❶は日本の浮世絵、❷はその模写です。あてはまる作者の名前を選びましょう。

❶代表作「東海道五十三次」　❷代表作「ひまわり」「星月夜」

❶[　　　　　　　　]
❷[　　　　　　　　]

| 歌川広重 |
| 葛飾北斎 |
| ゴーギャン |
| ゴッホ |

まとめ

2016年のリオ五輪の閉会式では当時の日本の首相がゲームのキャラクターに扮したことが話題になったよね。あれはどういういきさつなんだろう？

よし、20世紀の動きをかんたんにまとめるよ。テレビアニメは70年代ごろから吹き替えされて海外で放映が開始されて子どもたちに大人気に。

メモ □

「おさらいワーク」の絵は、浮世絵のほうは「名所江戸百景　亀戸梅屋舗」、模写のほうは「日本趣味　梅の花（花咲く梅の木）」というタイトルです。

メモ □

吹き替えやローカライズされて放映されたテレビアニメの中には、日本発と認識されずに各国で愛好される作品も。

同じころつくられ始めた「ロボットアニメ」はストーリー性の高さから大人のファンも獲得。

ヒーローが活躍する特撮テレビドラマシリーズも1970年代に海外で放映が始まり、現在に至るまで大人気！

1980年代に発売された家庭用テレビゲーム機の影響も忘れないで！　リオ五輪で当時の首相が扮したのは80年代の大ヒットゲームのキャラクターだったね。
さらに90年代後半に発売された携帯用ゲーム機用ソフトは広く世界中で大ヒット。アニメや映画もつくられ、世代を超えて愛されているよ。

こうしたいきさつがあって、日本のコンテンツやキャラクターのグローバル化は進んできたんだね。

Ｑ 日本文化はどんなふうに海外に受け入れられてきたの？

Ａ **19世紀後半の開国がきっかけ。20世紀後半のアニメや特撮作品、ゲームなどが世界で愛され、21世紀、日本のポップカルチャーは「クール（かっこいい）」と評価されています。**

Q 欧米の芸術史を時代背景と一緒に一気に教えて！

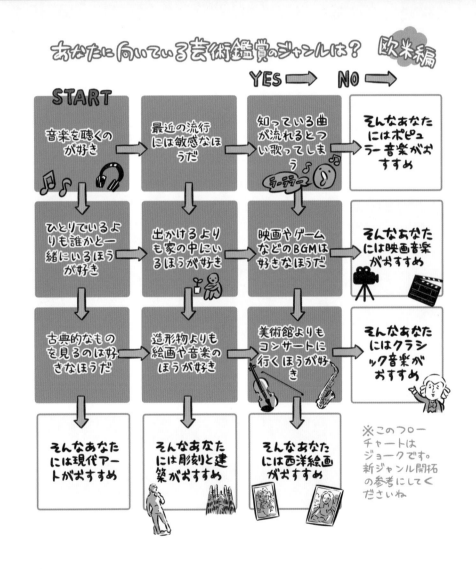

あなたに向いている芸術鑑賞のジャンルは？ 欧米編

YES ⟶   NO ⟶

START

音楽を聴くのが好き → 最近の流行には敏感なほうだ → 知っている曲が流れるとつい歌ってしまう → そんなあなたにはポピュラー音楽がおすすめ

ひとりでいるよりも誰かと一緒にいるほうが好き → 出かけるよりも家の中にいるほうが好き → 映画やゲームなどのBGMは好きなほうだ → そんなあなたには映画音楽がおすすめ

古典的なものを見るのは好きなほうだ → 造形物よりも絵画や音楽のほうが好き → 美術館よりもコンサートに行くほうが好き → そんなあなたにはクラシック音楽がおすすめ

そんなあなたには現代アートがおすすめ

そんなあなたには彫刻と建築がおすすめ

そんなあなたには西洋絵画がおすすめ

※このフローチャートはジョークです。新ジャンル開拓の参考にしてくださいね

一気に知りたい！欧米の芸術史年表

| 西暦 | 600 700 | 800 900 | 1000 1100 | 1200 1300 | 1400 | 1500 | 1600 |

中世

ビザンチン様式

ロマネスク様式

ゴシック様式

初期のルネサンス

北方ルネサンス

ルネサンスの三大巨匠

◈ グレゴリオ聖歌

◈ ピサ大聖堂

◈ ノートルダム大聖堂
◈ ケルン大聖堂

◈ モザイク画「皇妃テオドラと従者たち」
◈ 聖ソフィア大聖堂

◈ 多声音楽（ポリフォニー）

◈ フラ・アンジェリコ「受胎告知」
◈ ボッティチェリ「ヴィーナスの誕生」

「春（プリマヴェーラ）」

◈ レオナルド・ダ・ヴィンチ「モナ・リザ」
◈ ミケランジェロ「ダヴィデ像」
◈ ラファエロ

◈ ヤン・ファン・エイク
◈ デューラー
◈ ブリューゲル

◈ ルーベンス
◈ ベラスケス
◈ レンブラント
◈ フェルメール「真珠の耳飾りの少女」

東ローマ帝国（現在のギリシャ、トルコ）が中心のビザンチン様式。

ロマネスク様式は南フランスからイタリアが中心。

北フランスから西ヨーロッパ中心のゴシック様式は、高い尖塔とステンドグラスが特徴。

初期のルネサンスは地中海貿易で栄えたフィレンツェを中心に始まったよ。

イタリアの各地で活躍した三大巨匠の登場でルネサンスは最盛期に。

イタリア・ルネサンスの影響を受けたドイツ、オランダ、ベルギーでの北方ルネサンス。

126

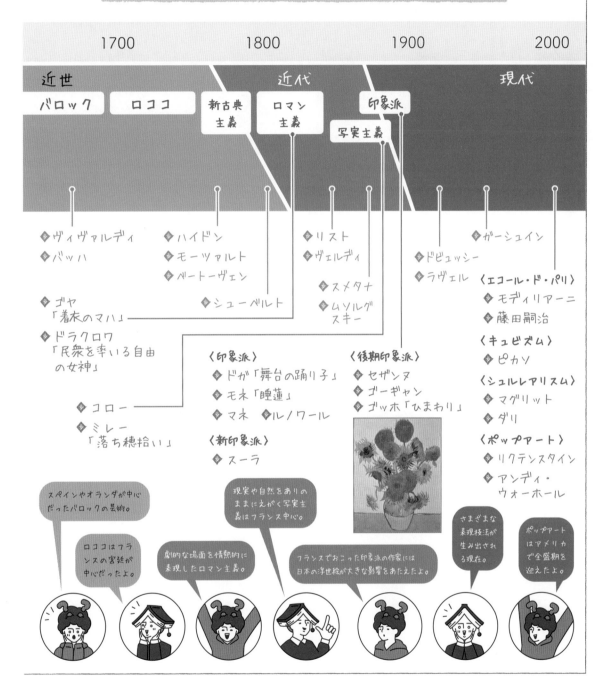

中学教科書の範囲内で、欧米の美術・音楽の歴史をまとめました

1700　1800　1900　2000

近世　　　　　　近代　　　　　現代

バロック　ロココ　新古典主義　ロマン主義　印象派　写実主義

◇ ヴィヴァルディ
◇ バッハ

◇ ハイドン
◇ モーツァルト
◇ ベートーヴェン
◇ シューベルト

◇ リスト
◇ ヴェルディ
◇ スメタナ
◇ ムソルグスキー

◇ ドビュッシー
◇ ラヴェル

◇ ガーシュイン

◇ ゴヤ
「着衣のマハ」
◇ ドラクロワ
「民衆を率いる自由の女神」
◇ コロー
◇ ミレー
「落ち穂拾い」

〈印象派〉
　◇ ドガ「舞台の踊り子」
　◇ モネ「睡蓮」
　◇ マネ　ルノワール
〈新印象派〉
　◇ スーラ

〈後期印象派〉
　◇ セザンヌ
　◇ ゴーギャン
　◇ ゴッホ「ひまわり」

〈エコール・ド・パリ〉
◇ モディリアーニ
◇ 藤田嗣治
〈キュビズム〉
◇ ピカソ
〈シュルレアリスム〉
◇ マグリット
◇ ダリ
〈ポップアート〉
◇ リクテンスタイン
◇ アンディ・ウォーホール

スペインやオランダが中心だったバロックの芸術。

ロココはフランスの宮廷が中心だったよ。

劇的な場面を情熱的に表現したロマン主義。

現実や自然をありのままにえがく写実主義はフランス中心。

フランスでおこった印象派の作家には日本の浮世絵が大きな影響をあたえたよ。

さまざまな表現技法が生み出される現在。

ポップアートはアメリカで全盛期を迎えたよ。

まとめ

他教科リンク 実技 121ページ　他教科リンク 実技 129ページ

年表で見てみると時代ごとの
特徴が見えておもしろいよね。

社会のようす、政治の主体によって音楽や美術などの
芸術分野も大きな影響を受けることがわかるね。

日本の開国がおもにフランスの芸術家たちに影響
をあたえて「ジャポニズム」が生まれたっていうの
は121～124ページで学んだやつだ。

すごくざっくりした説明だけれど、ここで見たような、
いわゆる西洋芸術の発信地はギリシャ→ヨーロッパ
各地→アメリカと変遷しているんだよね。

それが現代では世界中の人が身近に芸術に接していて、
発信地も世界中っていう、グローバルな時代なんだね。

おすすめサイト

国立西洋美術館（こくりつせいようびじゅつかん）

1959年に開館した西洋美術全般を対象とする国立博物館（東京・上野）のWebサイト。「作品を知る」→「作品紹介」から、収蔵品のうち14世紀から20世紀半ばまでの絵画と彫刻を閲覧できます。

https://www.nmwa.go.jp/jp/

おすすめサイト

Google Arts & Culture
「国立西洋美術館」（こくりつせいようびじゅつかん）

GoogleのWebサービス「Arts & Culture」の中の、国立西洋美術館（東京・上野）のページ。美術館内や展示室を巡れるミュージアムビューや、館の研究員によるギャラリートーク動画などが閲覧できます。

https://artsandculture.google.com/partner/
the-national-museum-of-western-art

Q 欧米（おうべい）の芸術史（げいじゅつし）を時代背景（じだいはいけい）と一緒（いっしょ）に一気（いっき）に教（おし）えて！

A 芸術（げいじゅつ）の発信地（はっしんち）はギリシャ→ヨーロッパ各地（かくち）→アメリカと
変遷（へんせん）し、現代（げんだい）ではグローバルに。

大人の美術・音楽分野

Q 日本の芸術史を時代背景と一緒に一気に教えて！

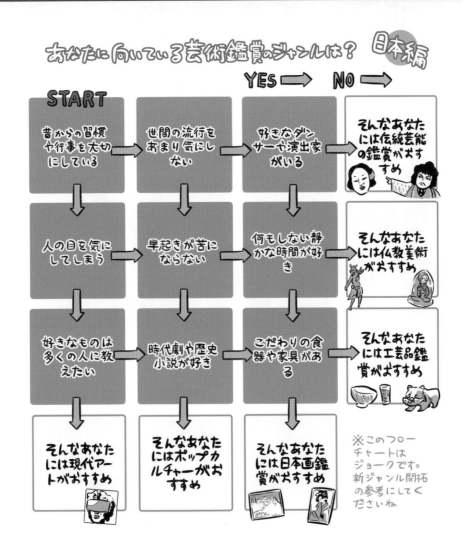

あなたに向いている芸術鑑賞のジャンルは？ 日本編

YES ➡   NO ➡

START

昔からの習慣や行事を大切にしている → 世間の流行をあまり気にしない → 好きなダンサーや演出家がいる → そんなあなたには伝統芸能の鑑賞がおすすめ

人の目を気にしてしまう → 早起きが苦にならない → 何もしない静かな時間が好き → そんなあなたには仏教美術がおすすめ

好きなものは多くの人に教えたい → 時代劇や歴史小説が好き → こだわりの食器や家具がある → そんなあなたには工芸品鑑賞がおすすめ

そんなあなたには現代アートがおすすめ

そんなあなたにはポップカルチャーがおすすめ

そんなあなたには日本画鑑賞がおすすめ

※このフローチャートはジョークです。新ジャンル開拓の参考にしてくださいね

129

一気に知りたい！日本の芸術史年表

西暦 600　700　800　900　1000　1100　1200　1300　1400　1500

飛鳥時代	奈良時代	平安時代	鎌倉時代	室町時代	安土桃山時代
飛鳥文化	天平文化	国風文化	鎌倉文化	北山文化／東山文化	桃山文化

白鳳文化

◈ 興福寺
　阿修羅像
◈ 東大寺
　大仏
◈ 正倉院
　鳥毛立女屏風

◈ 運慶・快慶
　東大寺南大門
　「金剛力士像」

◈ 障壁画
◈ 狩野永徳
　「唐獅子図屏風」
◈ 長谷川等伯
　「松林図屏風」

◈ 源氏物語絵巻
◈ 鳥獣戯画

◈ 能

◈ 法隆寺
　玉虫厨子
◈ 広隆寺
　弥勒菩薩像
　（半跏思惟像）

◈ 雅楽の完成

◈ 水墨画
◈ 雪舟
　「秋冬山水図」
◈ 狩野元信
　「四季花鳥図」

◈ 狂言

仏教の伝来や遣唐使の影響がみられるね。

貴族が政治の中心になる平安時代。

遣唐使の廃止が国風文化を生み出すよ。

武士が鑑賞する能や狂言が脚光を浴びるんだ。

天守閣をもつ大きな城が建てられ、障壁画がえがかれるようになるよ。

中学教科書の範囲内で、日本の工芸・絵画・音楽の歴史をまとめました

| 1600 | 1700 | 1800 | 1900 | 2000 |

江戸時代　　　　　　　　　　　明治・大正・昭和時代　　現代

元禄文化
上方の町人中心

化政文化
江戸の町人中心

❖ 蒔絵
❖ 俵屋宗達
　「風神雷神図
　屏風」
❖ 尾形光琳

❖ 葛飾北斎「神奈川沖浪裏」

❖ 喜多川歌麿
　「ポッピンを吹く女」
❖ 歌川広重
　「東海道五十三次」
❖ 東洲斎写楽

❖ 八橋検校
❖ 竹本義太夫
❖ 人形浄瑠璃
❖ 歌舞伎

❖ 岸田劉生
　「麗子像」
❖ 横山大観
❖ 高村光太郎「手」

❖ 岡本太郎「太陽の塔」

❖ 滝廉太郎
　「荒城の月」
　「花」

❖ 黒田清輝「湖畔」
❖ 高橋由一「鮭」
❖ 青木繁「海の幸」
❖ 高村光雲「老猿」

出版文化の
発展が錦絵
（浮世絵）の
流行をあと
おししたよ。

江戸みやげには
本や錦絵が喜ば
れたらしい。

現代は誰もが
芸術の発信者
になれる時代！

それまでのように貴族や
武士だけでなく、農民も
含めて庶民が経済力
をつけ、文化を楽
しんだ江戸時代。

明治時代、西
洋美術、西洋
音楽が入って
くるんだ。

まとめ

他教科リンク
社会
57ページ

他教科リンク
社会
61ページ

「日本の芸術」といっても、
時代によって全然違うんだなあ。

貴族の時代には貴族が好む優美な芸術、武士の時代
には武士が好む力強い芸術が愛されるんだよね。

スポンサーの好みに合わせた芸術が生まれるわけか。
その時代に誰がいちばん力をもっていたのかが関
係するんだね。

江戸時代は上方中心の元禄文化、江戸中心の化政
文化と2回の大きなムーブメントがあったよ。これま
でのように貴族や武士も文化の担い手だったけれど、
経済力をつけた庶民も芸術や文化を楽しんだんだ。

近代では西洋文化もはいってきて、さらに文化が
大衆化していったよ。

音楽や美術を身近で楽しむことができ、気軽に自分で
つくったり、それを世界に向けてかんたんに発信すること
もできるようになった今の時代は歴史的にもとても興味
深い時代なのかもね。

おすすめサイト

ジャパンサーチ

国立国会図書館が運営する文献検索サイト。
日本のさまざまな分野のコンテンツを検索、
閲覧できます。サイト内コンテンツをさま
ざまな切り口から紹介する「ギャラリー」
がおすすめです。

https://jpsearch.go.jp/

おすすめサイト

e国宝

東京国立博物館、京都国立博物館、奈良国
立博物館、九州国立博物館、奈良文化財研
究所所蔵の国宝や重要文化財が鑑賞できま
す。「絵画」「建築」「刀剣」などカテゴリ
に分かれているので興味のあるものを探し
やすいです。

http://emuseum.nich.go.jp/

Q　日本の芸術史を時代背景と一緒に一気に教えて！

A　**社会を動かす層が好む作風が芸術の中心でした。現代は近代以降の文化の大衆化と発信手段の発達により「誰もが気軽に」楽しめる時代に。**

世界遺産ができるまで！

❶ ユネスコで「世界の文化遺産及び自然遺産保護に関する条約」採択（1972年）

❷ 各国が条約を締結して締約国に

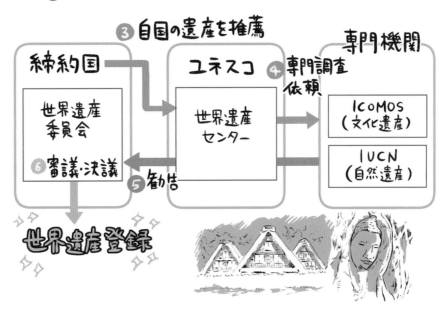

❸ 自国の遺産を推薦

専門機関

締約国
世界遺産委員会
❻ 審議・決議

ユネスコ
世界遺産センター
❹ 専門調査依頼

専門機関
ICOMOS（文化遺産）
IUCN（自然遺産）

❺ 勧告

世界遺産登録

日本の世界遺産地図 （2023年11月現在）

文化遺産とは
世界の中で特に変わらない価値の
ある建物や遺跡など

自然遺産とは
世界の中で特に変わらない価値の
ある地形、生物の種類が多く豊か
である場所、美しい景色など

北海道・北東北の縄文遺跡群
北海道、青森県、秋田県、岩手県

白神山地
青森県、秋田県

明治日本の産業革命遺産
ー製鉄・製鋼、造船、石炭産業ー
福岡県、佐賀県、長崎県、熊本県、
鹿児島県、山口県、岩手県、静岡県

白川郷・五箇山の合掌造り集落
岐阜県、富山県

古都京都の文化財
京都府、滋賀県

石見銀山遺跡とその文化的景観
島根県

姫路城
兵庫県

原爆ドーム
広島県

「神宿る島」宗像・沖ノ島
と関連遺産群
福岡県

長崎と天草地方の
潜伏キリシタン
関連遺産
長崎県、熊本県

厳島神社
広島県

古都奈良の文化財
奈良県

紀伊山地の霊場と参詣道
三重県、奈良県、和歌山県

屋久島
鹿児島県

百舌鳥・古市古墳群
ー古代日本の墳墓群ー
大阪府

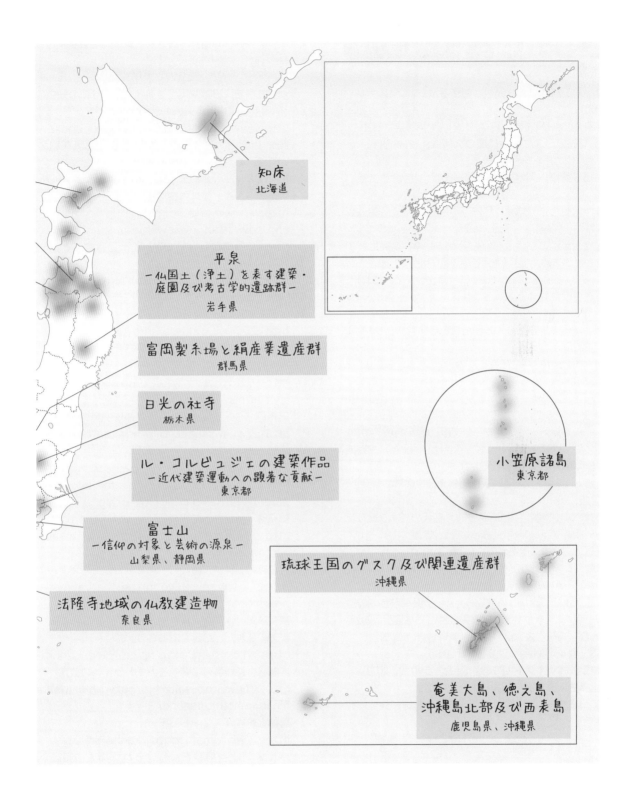

知床
北海道

平泉
ー仏国土（浄土）を表す建築・
庭園及び考古学的遺跡群ー
岩手県

富岡製糸場と絹産業遺産群
群馬県

日光の社寺
栃木県

ル・コルビュジェの建築作品
ー近代建築運動への顕著な貢献ー
東京都

富士山
ー信仰の対象と芸術の源泉ー
山梨県、静岡県

法隆寺地域の仏教建造物
奈良県

小笠原諸島
東京都

琉球王国のグスク及び関連遺産群
沖縄県

奄美大島、徳之島、
沖縄島北部及び西表島
鹿児島県、沖縄県

参考資料一覧

書籍

- 荒井章『木工バイブル　発想と制作手法』（エクスナレッジ、2008）
- 太田啓子『これからの男の子たちへ』（大月書店、2020）
- 海津裕（監修）『スマート農業の大研究』（PHP研究所、2020）
- 古在豊樹（監修）『よくわかる植物工場』（PHP研究所、2015）
- 坂本旬、山脇岳志（編著）『メディアリテラシー　吟味思考を育む』（時事通信出版局、2021）
- 坂本旬『メディアリテラシーを学ぶ　ポスト真実世界のディストピアを超えて』（大月書店、2022）
- シオリーヌ『こどもジェンダー』（ワニブックス、2021）
- 周司あきら、高井ゆと里『トランスジェンダー入門』（集英社、2023）
- 高橋幸子『サッコ先生と！からだこころ研究所』（リトルモア、2020）
- デボラ・ハイトナー『こどもにスマホをもたせたら』（NTT出版、2019）
- 畠山けんじ、久保雅一『ポケモン・ストーリー』（日経BP社、2000）
- イーライ・パリサー『フィルターバブル』（早川書房、2016）
- フクチマミ、村瀬幸浩『おうち性教育はじめます　思春期と家族編』（KADOKAWA、2022）
- 堀内かおる、南野忠晴ほか『人生の答えは家庭科に聞け！』（岩波書店、2016）
- 堀田和秀、津田泰至『GIGAスクール時代の「ネットリテラシー」授業プラン』（学芸みらい社、2022）
- 松岡宗嗣『あいつゲイだって』（柏書房、2021）
- 南野忠晴『シアワセなお金の使い方』（岩波書店、2015）
- 美馬のゆり『AIの時代を生きる』（岩波書店、2021）
- 村瀬幸浩ほか『50歳からの性教育』（河出書房新社、2023）
- 山口真一『ソーシャルメディア解体全書』（勁草書房、2022）
- 『家庭総合（高等学校家庭科用）』（東京書籍、2022）
- 『感じる　表す　美術』（浜島書店、2020）
- 『色彩検定公式テキストUC級』（色彩検定協会、2022）
- 『詳説世界史　改訂版』（山川出版社、2022）
- 『中学教科書ワーク』音楽、技術・家庭、美術、保健体育（文理）

論文等

- Maurizio Campana「日本アニメの独自性と海外進出の理由」阪南論集　人文・自然科学編　54巻2号（阪南大学、2019）
- Meta「大人のためのFacebookガイドブック　スマートフォン版」（イー・エルダー／エクサネット／ブロードバンドスクール協会、2022）
- 森ビル株式会社「日本特撮に関する調査　平成24年度メディア芸術情報拠点・コンソーシアム構築事業」（2013）

Webサイト

- 一般社団法人日本教育工学振興会「すべての先生のための「情報モラル」指導実践キックオフガイド」
https://www.japet.or.jp/moral-guidebook/
- NHK首都圏ナビ「学校の性教育で"性交"を教えられない「はどめ規定」ってなに？」
https://www.nhk.or.jp/shutoken/wr/20210826a.html
- 資源エネルギー庁「再生可能エネルギーとは」
https://www.enecho.meti.go.jp/category/saving_and_new/saiene/renewable/index.html
- sumica「【失敗しないDIY】設計図は意外と簡単？手描きとExcelを使った描き方」
https://sumica.eonet.jp/diy/sekkeizu-beginner/
- 性を学ぶSEXOLOGY「国際セクシュアリティ教育ガイダンス」
https://sexology.life/world/itgse/
- 総務省「インターネットとの向き合い方～ニセ・誤情報に騙されないために～」
https://www.soumu.go.jp/use_the_internet_wisely/special/nisegojouhou/
- 総務省「インターネットトラブル事例集　2023年版」
https://www.soumu.go.jp/use_the_internet_wisely/trouble/
- 総務省「家庭で学ぶデジタル・シティズンシップ」
https://www.soumu.go.jp/use_the_internet_wisely/parent-teacher/digital_citizenship/
- 総務省「情報通信白書」
https://www.soumu.go.jp/johotsusintokei/whitepaper/
- 総務省「デジタル時代の子育てを一緒に考えてみよう！」
https://www.soumu.go.jp/use_the_internet_wisely/preschool/
- 東京新聞「性教育「思春期から」はハードルが高い　10歳までにこれだけは伝えておこう」
https://sukusuku.tokyo-np.co.jp/education/38246/
- 内閣府「避難情報に関するガイドラインの改定」
https://www.bousai.go.jp/oukyu/hinanjouhou/r3_hinanjouhou_guideline/
- 農林水産省「スマート農業」
https://www.maff.go.jp/j/kanbo/smart/
- ハルメク365「部屋を片付けられない人の特徴や原因とは？対策も解説」
https://halmek.co.jp/life/c/housekeeping/3322
- 北海道大学病院HIV診療支援センター「HIVとエイズについて」
https://www.hok-hiv.com/knowledge/about/
- LINEみらい財団「情報モラル教育の取り組み」
https://line-mirai.org/ja/activities/activities-moral

3 2 1 0 9 8 7 6 5 4
＊ ＊ D C B A